„Reromantisches Manuskript"

Eine Kulturkritik

Uwe Kraus

Herstellung und Verlag: Books on Demand, Norderstedt
ISBN: 9783751958318

www.facebook.com/novivitalisVerlag/
www.uwekraus.de

Korrektorat und Lektorat: Axel C. Englert

Zur Einleitung dieses Buches will ich zum einen erklären, was Romantik heißt, zum anderen will ich die Struktur dieser essayartigen Schrift erläutern. Dies Buch soll, sofern es gelesen wird, eine Neuerung in die philosophische, literarische und künstlerische Denkweise bringen.

Denn was heißt Romantik?

Romantik ist alles Ästhetische, alles künstlerisch Geniale, alles Phantastische. Der Gedanke beginnt mit Schlegels Auffassungen bei einem Großen: Homer; er geht über Dantes „Göttliche Komödie", über Cervantes' „Don Quijote" bis hin zur deutschen klassisch-romantischen Kunstperiode, die er mit seinen Theorien zur Poesie eröffnet. Der Gedanke des Ästhetischen geht von Shakespeare zu Hugo und bis hin in die Neuromantik zu Hesse und Tolstoi. In der Musik kann man eine Entwicklung von Mozart, Haydn, Beethoven über Strauß bis hin zu Wagners Kunsttheorie wahrnehmen.
Die Romantik ist eine Epoche, die sich nicht einengen lässt.
Sie umfasst jeden Schritt der Mystik, Magie und Poesie.
Romantik heißt Kunst, Kunst, die heute nicht mehr gebraucht und bekannt ist. Die Gesellschaft hat kein „Schöpferisches Ich" mehr, so wie Fichte es forderte. Sie hat keinen Nietzsche mehr. Aber sie hat die Ideen dieser Denker und Dichter. Warum benutzt man sie nicht, um wieder romantisch zu werden?

Dies Buch ist in seinen drei Gliederungspunkten darin bestrebt, einzig und allein die Grundbegriffe im ersten Teil, den Zyklus der Romantik im zweiten, und abschließend die Theorie, die Märchenutopie, im dritten Teil darzulegen.

Im ersten Gliederungspunkt werde ich die Begrifflichkeiten des Ästhetischen, des Poetischen mit praktikablen Beispielen erklären. Ich werde versuchen, Pantheismus offenzulegen, Irrationalität zu erläutern. Darüber hinaus werde ich aus diesem gesamten Komplex eine kleine erste vorläufige Theorie bilden, die Frieden heißt. In einem kurzen Rückblick auf Politik, Philosophie und Literatur gehe ich den ersten Schritt in Richtung zweiter Gliederungspunkt.

Der zweite Gliederungspunkt des Buches soll verdeutlichen, was Romantik in geschichtlich-literarischer Funktion bedeutet. Ein lebensphilosophischer Rückblick soll den Zyklus, wie ich ihn nannte, verdeutlichen. Ausgangsposition bezieht dabei Novalis, mein Lieblingspoet, der Schwärmer. Ich will einen Prozess darstellen, der von der klassisch-romantischen Zeit bis zur Neuromantik, zur Flower-Power-Romantik und auch mir reicht.

Der dritte Teil, die utopische Theorie, soll aus romantischer Philosophie, aus Fichte, Schelling und Nietzsche eine assoziative Verbindung eingehen, die nicht suggestiv, sondern praktikabel zeigen kann, wie aus einem zerstörten philosophischen, beinahe dekadenten System ein neues romantisches werden soll.

Denn dies ist das Hauptziel des Buches:

Eine Romantisierung

Einleitend möchte ich eines sagen:

> Das Herrliche, es kann euch gelingen
> Doch es kann nur aus euch selber kommen

Dieses dichterische Exzerpt des Zacharias Werner soll verdeutlichen, dass es an der Gesellschaft selbst liegt, ob man in sich geht und gegen die Konservativität der heutigen Tage ankämpft. Denn (so Hesse): „Der Vernünftige rationalisiert die Welt und tut ihr Gewalt an. Er neigt stets zu grimmigem Ernst."
Ich empfinde in unserer heutigen Gesellschaft nichts als ästhetisch; der Mensch ist zu vernünftig geworden. Dies will ich nun zu ändern versuchen. Auch wenn ich am Ende nur allein dastehe und mir keiner folgen wird, weiß ich, ich habe versucht, das Rad der Zeit, das Relative, nicht ewig weiterdrehen zu lassen. Das Motto dieser Schrift

bezieht sich auf einen Aphorismus, der mir wochenlang, bevor ich anfing zu schreiben, im Kopf herumflog. Es ist ein Spruch Nietzsches aus der Götzendämmerung.

Nietzsche – Dritte Gewissensfrage:
„Bist Du einer, der zusieht? Oder einer, der Hand anlegt? Oder der wegsieht, beiseite geht ...“

Doch eines will ich noch sagen: Hauptsächlich gehe ich in diesem Buche auf die deutsche Romantik ein, denn sie ist der Auslöser gewesen, der auf die anderen Länder herüberspiegelte. Musik und bildende Kunst werden auch in dieser Schrift an zweiter Stelle stehen. Ich sehe meine Theorie vordergründig im literarischen Bereich, obwohl man im romantischen Sinne dies nicht unterscheiden, trennen kann. Doch so gesehen:
Wenn ich philosophische Grundsteine lege, arbeite ich niemals gegen das musikalisch-künstlerische System. Ich wünsche mir auch eine Kunst wie eines Delacroix, Caspar David Friedrichs oder Runges, doch ich kann dazu nur bedingt Einfälle liefern. Ich will einen Universalkünstler der Romantik herauskristallisieren, der in allen Bereichen, wenn er es will, tätig werden kann! Denn dies ist der Hauptteil meiner Theorie, die Geburt eines „Homo Romantikus“, den ihr euch, wenn ihr wollt, zum Vorbild nehmen könnt.

Dies Buch entstand, um allen, die sich für Philosophie interessieren, einen neuen Denkweg aufzuzeigen. Für alle schrieb ich dies Buch, die mit Wittgenstein die Philosophie sterben sahen!

Für die Sache, die blaue Blume und den neuen Denkweg.

Uwe Kraus, Kaiserslautern im Jahr 2000

Vorbetrachtung zum ersten und zweiten Teil des Buches

Der erste Teil soll die Grundbegriffe ansprechen, sowie die durch mich aufgeworfenen Assoziationen zu den einzelnen Thematiken, wie zum Beispiel der blauen Blume oder der politischen Entwicklung, mein Verhältnis zur Romantik verdeutlichen und nicht verwirrend wirken.

Der zweite Teil hingegen ist der eigentlich wissenschaftliche Kontext, der die Auffassung und Leitmotive sowie die Entwicklung von Novalis zu Max Frisch darstellt und begreiflich macht, was Romantik im germanistisch-historisch-philosophischen Rahmen bedeutet.

I. Romantisch philosophische Grundbegriffe Lebensphilosophische Weisheiten

Erklärung des Ursprunges der Romantik zum Aufbau einer neuen Irrationalität

In diesem Kapitel werde ich Rationales zu Irrationalem machen! Um romantisch zu denken, gebraucht man die Kunst in sich. Diese Kunst fängt mit dem „Wahnsinn" an und hört niemals auf zu wirken. Wie beschrieb es Hesse im Steppenwolf: „Mit Schizophrenie fängt die Kunst an!"

Ich sage: „Mit Kunst fängt die Kunst an und hört niemals auf zu wirken, denn wir gebrauchen die Magie!" Und wenn ich von Magie spreche, so beziehe ich mich auf den magischen Idealismus eines Novalis, den ich mit diesem Buche neu leben lassen will.

Ein kleiner Hauch von Wahnsinn steckt in jeder Seele. Wahnsinn, damit meine ich, kohärent gesehen, die Wahrheit. Magie, damit meine ich romantische Wahrheiten, die aus den Aphorismen der Kunstzeitschrift des Athenaeums, besonders dieses Spruches Novalis erkenntlich werden:

(8.) „Der Unterschied zwischen Wahn und Wahrheit liegt in der Differenz ihrer Lebensfunktionen. Der Wahn lebt von der Wahrheit ..."

Wer den Wahnsinn in sich erkennt, erkennt auch ein Stück Wahrheit. Da Wahnsinn und Wahrheit Brüder sind, wird die Wahrheit immer romantisch zu betrachten sein. Dies liegt daran, dass der Wahnsinn ein Teil der romantischen Theorien ist, da man in der ersten Romantik die ersten Psychologen der Neuzeit findet. In der Neuromantik ersehen wir die Psychoanalyse Freuds als Schlüssel. Nietzsche selbst, der Tiefenpsychologe, der Magier der alten Zeit; in ihm sehe ich meine Idee des Wahnsinns, der Kunst, der Romantik fast verwirklicht. Doch will ich nicht mit dem Schluss meiner Theorie beginnen. Das Augenmerk soll nun auf der Renaissance liegen. Zu sehen war die Wiedergeburt der alten Zeiten. Hier liegt der „Ursprung" der Romantik. Hier lebte Descartes, der Begründer höherer Mathematik, Naturwissenschaft. Hier lebte der erste rational denkende Philosoph, der mit seinem „Common Sense" eine Idee aufbrachte, die wir nun für unsere Zwecke gebrauchen.

Wie lautet seine Idee in komprimierter Form? Er glaubt an einen Gott, der uns betrügt, uns Denken und Handeln vorspielt. Er glaubt an eine Macht, die stärker zu sein schien als der Mensch.

Was tat er, um die Welt, seine Welt, und seine rationale Idee festzuhalten? Er widerlegte mit mehreren Gottesbeweisen den Lügengott und schuf im logischen Sinne einen Gott, der (auf dem Papier) gut zu uns ist!

Descartes' Idee führt über das Weiterleben des Kartesianismus, durch die Transformation zum Empirismus zur rational-empiristischen Kritik der reinen Vernunft.

Seine Idee ist theologisch richtig und entspricht dem Denken eines nachfahrenden scholastischen Einflusses.

Die Romantik in Ihrer Form ist wiederum eine Transformation der Ideen Descartes, Kants, Lockes, durch die philosophischen Ansichten des ersten irrationalen Denkers, durch die Schriften Blaise Pascals, da der Grundgedanke der Romantik nicht aus rationalem Gedankengut, sondern aus irrationalem besteht. Die Brücke vom rationalen Ursprunge zum irrationalen wurde durch Spinoza, Goethe und Schelling durch ein pantheistisches Weltbild hergestellt, welches Gott in der Natur widerspiegelt. Außerdem ist es nicht nur die Brücke, die Rationales und Irrationales zusammenhält, sie ist auch eine Lösung zu Descartes' Problem. Seine Beweise, einen Lügengott auszuschalten, sind unnütz, da er damit nur auf dem Papier beweist, dass es einen guten Gott gibt; die Beständigkeit seiner Idee bleibt nichtsdestotrotz. Der Pantheismus, hätte Descartes an ihn geglaubt, hätte ihm sein Problem erspart, denn ein Stein, ein Baum, ein Berg, ein Grashalm betrügen uns wohl nicht. Pantheismus ist eine von vielen Antworten, die in der Romantik gefunden wurden um neue Weltideen zu schaffen. Rationalität, wie sie Descartes gebraucht, ist der Ursprung alles Romantischen, da die Transformation das Gegenstück dazu ist. Wie genau das zu verstehen ist, werde ich später an Bildern Novalis', Hölderlins erklären. Ich werde feststellen, dass Irrationalität ein Weltbild ist, welches in seinem System ein gutes darstellt.

Um nochmals auf Descartes' Idee zurückzukommen: Sein Satz „Cogito ergo sum" ist wiederrum ein rationales aufklärerisches Element, wenn man es umkehrt, wird daraus eine neue romantische Wahrheit, die auf dem Pantheismus und dem Glauben, also dem Anfang alles Irrationalen aufbaut!

Cogito ergo sum.
Ich denke, also bin Ich
ist rational!

Meine Idee, die irrational wäre:
Ich glaube (an die Natur),
also finde Ich mich.
Die Seele findet den Geist und den Verstand!
Glauben ist ein irrationaler Vorgang!

Descartes' Satz ist zwar etwas gespalten, da er auf eine Trennung von Geist und Seele abzielt, doch er ist nicht romantisch (wahr). Mein Satz ist romantisch wahr. Er ist eine Synthese aus Pantheistischem und Irrationalem. (Ich trenne Geist und Seele und vereinige sie im selbigen. Der Glaube an den Pantheismus fügt mich im irrationalen Sinne wieder zusammen. Die Trennung von Geist und Seelenverstand wird überwunden durch Glauben ans Finden der Natur.)

Aristoteles' Ansicht war: „Mit Staunen fängt alle Philosophie an." Meine Philosophie beginnt mit dem Glauben an Natur und an selbigen Verstande.

Also: Rationalismus muss irrational werden; Pantheismus ist der erste Schritt, den ein romantischer Philosoph gehen muss, um ein wahrer Idealist zu werden!

Also glaubt und findet euch in der Natur wieder!

Das Genie, die romantische Wahrheit, und was es bedeutet

Genie findet man in Ästhetik, man findet es im Gegensatz zur Konservativität der heutigen Tage! Genie beginnt mit dem Gedanken Shakespeares über selbiges, geht über Goethes prometheisches Weltbild des Sturm und Drang und endet bei Nietzsches Übermenschen. In der Zeit des Sturm und Drang wurde der Geniegedanke gefeiert, durch Dramen geprägt. Am einfachsten ist es, den Konservativen durch den Ästheten, mit dem Ästheten zu widerlegen. Dies tat Kierkegaard in seinem „Entweder/Oder".
Er baute zwei Personen, die stellvertretend für die Gesellschaft stehen, nämlich den Konservativen, den Rationalen, und den Ästheten, der in meiner Theorie der Irrationale wäre. Der rationale Mensch siegt in diesem Buche vordergründig über den Ästheten, doch gemeint ist der Sieg des Irrationalen über die Dekadenz. Existenzphilosophie, wie ich sie beschreibe, führt zu einem Genie, das die Ästhetik trägt!
Auch Nietzsche hatte zwei Gesichtspunkte, das Apollonische und das Dionysische. Dionysos steht für den Ästheten, den Genießenden;

Apollo für die Vernunft und das Rationale. Mit seinem Übermenschen schuf er einen Wert, der zwischen diesen Fronten steht!

Ein Genie steht im Verhältnis von Wahn zu Wahrheit. Logisch gesehen steht dieser Begriff zwischen Vernunft und Kunst. Mein Geniegedanke steht mehr in Richtung Kunst als in Beziehung zum Verstand. Genie ist ein Zustand, eine Illumination im Leben eines Menschen. Um Genie zu verstehen, muss man seine Kunst öffnen, man muss Künstler sein, denn Kunst ist Ästhetik. Kunst ist irrational, Kunst soll pantheistisch sein, damit sie zur Wirkung kommt, so zum Beispiel bei Caspar David Friedrich, Goethe, Spinoza ...

$\Rightarrow$ Genie ist Kunst, Wahrheit und Wahn in einem. Kunst ist romantisch.

Es ist ein Zustand, der nicht von allen erreicht werden kann, denn nicht alle verspüren den Willen dazu, romantisch zu sein. Das Beispiel eines romantischen Philosophen stellt Novalis dar:

Seine Erkenntnis lag im Weltgebäude und im Traum. Beides sind ästhetische Gestalten seiner Philosophie. Die Welt fördert den Traum, der Traum bestätigt diese. Sein Schlüssel lag in beidem, dem Zyklus aus Kunst, sprich Traum, und Welt, dem Gegenpol, dem Wirklichen.

„Welt wird Traum und Traum wird Welt"

ist ein einfaches Beispiel um den romantisch-idealen Geniegedanken zu beschreiben: Ästhetisch und surreal ist der Traum in Kohärenz zum Weltgebäude; Novalis sieht allegorisch die Pole des Lebens und macht aus ihnen, in seinem Spruch, Magie und Irrationales. So muss ein romantisches Genie denken!

Es muss immer die Synthese aus Ästhetik (Kunst), auch Wirklichkeit (dem Realen wie Tag und Nacht) und dem Irrealen wie Traum (was auch schon wieder Ästhetik ist) ziehen. Es muss Verbindungen aus Natürlichem, was Pantheismus heißt, sowie aus Übernatürlichem wie Symbolen (blaue Blume) und surrealistischen Ereignissen, die wiederum ästhetisch zu betrachten sind, eingehen.

Ein lyrisches Beispiel: Es geht hier um eine Betrachtung eines romantischen Buches, das auch einer meiner Grundideen entspricht, ich meine Robert Schneiders „Schlafes Bruder". Ich will nun Ästhetik und Symbolik mit Surrealem verknüpfen, um zu zeigen, wie ein Romantiker, der die Synthese des oben Genannten zieht, schreiben könnte:

O komm, o Tod, du Schlafes Bruder,
komm zieh mich hinab,
hinein in Deinen Bann.
Vergeltung, Strafe, Befreiung,
Synonymität dieser Worte.
Gleichklang.

Bruder: Was meint Liebe?
Halt dein Versprechen,
Übertriff die Magie,
Zerschneide das Banner.
Das Leben gibt Fragen,
Der Tod die Antwort.
Das Leben durch den Tod gibt Wahrheit.

Ich wandele, Bruder, auf Suche nach Erkenntnis,
Im Garten der Philosophen.
Das Licht ist der Schlüssel .
Tod wird Leben, Nacht wird Tag.
Tag und Leben?
Die Wahrheit steigt in mir auf.

Ich warte, Bruder.

Hier geht die Symbolik im Gleichklang mit romantischer Kunst und Ästhetik. Der Grundgedanke dieses Gedichtes bezieht sich auf die Todesszene des Genies Elias, das für mich ein romantisches darstellt. Dies Genie lebt auch in diesem Buche vor, was Romantik heißt: Elias ist Ästhet, er ist irrational, Pantheist, und hat eine Ader zum Sterben. Denn dies (Sterben) darf in diesem Kapitel nicht übergangen werden. Der Romantiker lebt in einem ständigen Drang, der heißt Leben können und sterben wollen; wobei Sterben das Übergewicht gewinnt. Deswegen ist auch für mich Nietzsche, der Lebensphilosoph, ein romantisches Genie. In jedem seiner Bücher stößt man auf Magie, Wahnsinn, Kunst, Ästhetik, also Irrationalität, gepaart mit einem Drang, dem Drang zum Sterben. Aus alledem folgere ich:

1. Das Genie der Romantik setzt sich aus Bestandteilen zusammen, die wir auch heute bräuchten, da sie in Vergessenheit geraten, und doch wichtig in ihrer jeweiligen Existenz sind. Zum Beispiel: Magie, Ästhetik, Kunst.

2. Das System des Genies in der Romantik ist puzzleartig. Hier erkennt man schon ein Eigenleben von Bausteinen, die in naher Zukunft eine gewichtige Rolle spielen sollten.

Warum?
Da die Konservativität der heutigen Tage mehr als einen Zurückgang der Motivation aufzeigt.
Magie, der neue magische Idealismus der Reromantik, ist die Antwort zur Einheit eines Gedankengebäudes, welches diese veralteten Vorstellungen zum Wanken bringen kann. Wahnsinn ist der Partner der Magie, der den Übergang zur Reromantik leichtmacht. Wie schrieb Novalis in seiner romantisierenden Theorie:
„Wenn einer verrückt wird, so ist dies beängstigend! Wenn alle verrückt werden, so ist dies Magie!"
Deswegen sage ich: In der heutigen Gesellschaft fehlt es am nötigen Esprit. Einer allein kann nichts bewegen; ich auch nicht. Ich will nicht alleine verrückt werden! Alle müssen den Sprung zur Magie wagen. Dies kann aber nur geschehen, wenn wir uns Vertrauen schenken, wenn wir uns aus tiefstem Herzen mit Sehnsucht betrachten. Wir müssen anfangen, das Dunkle und Untergründige unserer Seele zu suchen. Das Ich, das wir hinterfragen müssen, gibt uns die Antwort!

1. Romantik ist die Antwort, die uns fehlt in heutiger Zeit.

2. Das Genie der Romantik ist die höhere „Person", die es zu suchen gilt.

3. Das Poetische ist der Ausgang, auf dem das Genie lastet.
⇒Genie ist Ästhetik, Poesie ist Philosophie; die komplizierteste ihrer Art!

Die blaue Blume des Novalis

Die blaue Blume ist das Symbol der Herzlichkeit, der Liebe und Schöpferkraft einer Zeit, in der die Romantik vorherrschte. Sie gibt ein Gefühl des Magischen, Idealen, das auch brauchbar ist. Sie steht für die Natur, für die Synthese zwischen Natur und Mensch. Sie ist Zeichen für das, was ich anfangs schrieb: Ein pantheistisches Zeichen. In ihr steckt die metaphysische Person eines höheren Wesens. In ihr steckt Werden und Vergehen, eine Rückwendung zur Natur, Vernunft, Gegen-Vernunft, Magie, ja sogar eine kleine Allegorie für die Wiederkunft des Gleichen, wie sie Nietzsche Jahre später entdeckte. Sie ist ein irrationales Bild einer irrationalen Zeit! Ist es nicht sie, die zum Pantheistischen bewegt? Der Mythos dieser Pflanze bringt uns an die Spitze der Poesie; dorthin, wo ich hinwill.
Warum war gerade sie es, die ein Zeichen höherer Philosophie wurde?
In ihr muss der Zusammenhang des Systems, das da heißt Romantik, gesehen werden. Dieses gliedert sich aus folgenden Bestandteilen:
1. Überwindung der kantschen Philosophie durch den Idealisten Fichte
2. Benutzung des Geniegedankens der Sturm-und-Drang-Periode zum Ästhetischen
3. Umformung der Aufklärung zur Antiaufklärung, die wiederum eine eigene Aufklärung in sich ist

Aus alledem entstand Novalis' blaue Blume, die zum Mythos wurde und ein geheimes Zeichen für die Antiaufklärung darstellt, die ich im zweiten Teil des Buches ansprechen möchte, ebenso wie die anderen beiden Gesichtspunkte.

Romantik heißt nicht in erster Linie Antiaufkärung, sondern, in zweiter, Aufklärung des Inneren. Kant klärte den Menschen über sein Unvermögen auf, das ihn daran hindert, die Welt zu verändern. Die Romantik hingegen klärte den Menschen über die inneren Vorgänge, die Psychologie, den geheimnisvollen Weg auf. Die Romantiker sahen den Kosmos im Inneren des Menschen, bestehend aus Träumen: „Nach innen geht der geheimnisvolle Weg", so schrieb Novalis, das junge Genie. Darin liegt die Poesie, die die blaue Blume verkörpert. Der geheimnisvolle Weg nach innen, die Synthese aus Traum und Welt, die Gottesgestalt, bestehend aus blauer Blume, brachte den Menschen der damaligen Epoche in Einklang.

Einklang ist vielleicht das Wort, das wir brauchen, um die Poesie der Romantik zu beschreiben. Die Metaphorik der Gedichte und Frag mente dieser Zeit ist wie ein Fluss, der, mit der Natur eng verbunden, dahinrauscht. Ein Gedicht gibt das andre! Ein Fragment gibt uns Aufschluss über den Gedanken der Poesie. Es ist quasi das Grundbild aller Ideen, die im Verhältnis zur Blume stehen. Der „Ofterdingen" des Novalis ist die Metapher der blauen Blume (und umgekehrt). Dies Gedicht ist der Schlüssel dazu:

„Wenn nicht mehr Zahlen und Figuren
sind Schlüssel aller Kreaturen
Wenn die so singen oder küssen,
Mehr als die Tiefgelehrten wissen,
Wenn sich die Welt ins freie Leben
Und in die Welt wird zurückbegeben,
Wenn dann sich wieder Licht und Schatten
Zu echter Klarheit werden gatten,
Und man in Märchen und Gedichten
Erkennt die ewgen Weltgeschichten,
Dann fliegt vor einem geheimen Wort
Das ganze verkehrte Wesen fort."

Dies Gedicht, wenn man es interpretiert, zeigt einem, was Romantik heißt!

Wichtig in diesem Gedicht sind die Zeilen
„Wenn nicht mehr Zahlen und Figuren
sind Schlüssel ..."
sowie:
„Und man in Märchen und Gedichten
Erkennt die ewgen Weltgeschichten ..."

Sie sind Bestätigung dessen, was ich die ganze Zeit auszudrücken versuche:
Zahlen und Figuren sind rationale, vielleicht konservative, vernünftige Körper!
Da das Rationale nicht mehr der Schlüssel der Philosophie ist, werden Märchen und Gedichte Schlüssel und Zugang der Philosophie!
Das Poetische, das Irrationale, wird zur Philosophie, zur Spitze des Eisberges!

Um auf das Grundereignis des romantischen Bestrebens zurückzukommen, die Psychologie, die Aufklärung des Seelenlebens, dass das Poetische sowie das ästhetisch Irrationale führt, nehme ich einen Spruch Jean Pauls, um aufzuzeigen, was es damit auf sich hat.

Dieser lautet: „Dichtung, die zweite Seite des Mondes"

Was, frage ich mich, meint Jean-Paul mit der zweiten Seite? Vielleicht meint er das Unentdeckte, das Unaufgeklärte. Die zweite Seite ist ein Symbol für die Romantik, dergestalt, dass sie auf eine Unerschlossenheit, auf etwas Verborgenes hinweist.
Vielleicht zielt der Spruch Jean Pauls in metaphorischer Form auf das System ab, das Romantik heißt. Dieser Spruch beinhaltet alle Gesichtspunkte der Romantik, die bisher behandelt wurden.
Das Poetische in Form der Dichtung.
Die zweite Seite in Form von Irrealem und Surrealem.
Der Mond als pantheistisches Zeichen.

Das Ästhetische als Überbau des Ganzen.

Der Sinn in diesem genialen Kunstgedanken liegt auf der Hand: Der Mond, die zweite Seite, könnte für die Psychologie stehen. Das Unentdeckte darin ist das Gesuchte des Sprüchleins. Dieser allein zeigt die Vielfalt an Möglichkeiten, mit Magie und Psychologie die Welt umzubauen!

Religion und Philosophie in der Literatur

In der Religion, der Philosophie und der Politik finden wir die Abrundung des Idealen, die Transzendentalphilosophie, die zur Magie aufsteigt.

Fichte, der deutsche Idealist, Erbe Kants, Verbesserer des Aufklärungsgedankens, forderte das schöpferische Ich (1794).

Mit ihm zog Schelling die Fäden der romantischen Idee. Er sah die Einheit von Natur und Geist in seiner philosophischen Naturbetrachtung.

Die Paradoxien, der Gegensatz von Endlichem, Unendlichem sowie vom Gewöhnlichen zum Unheimlichen in der Literatur und Philosophie ist gleichzeitig eine Umwertung der gewöhnlichen Werte. Man baute über die normalen Werte die Forderung nach Synästhesie und Sympoesie, was hieß, dass der Dichter seine Empfindungen und seine Sprachgewandtheit miteinander verbinden musste!

1

Den Grundgedanke in diesem Gedankengebäude spielte, wie auch ich ihn fordere, Goethes Pantheismus!

Romantisch sein heißt künstlerisch agieren und die Einheit von Natur und Geist mit pantheistischen Augen betrachten, synästhesieren und, wie Novalis forderte, symphilosophieren.

Zur Vereinfachung:

Die romantische Idee ist wie ein Prisma zu sehen.

Das Sonnenlicht ist die Aufklärung Kants. Dieses wird in seine Bestandteile zerlegt. Diese wiederum ordnen sich dem Paradoxen zu, dem umgekehrten Werte.

Um nun wieder diese Punkte, durch das Prisma zerlegt, zu bündeln, benötigt es die Synästhesie, die Sympoesie!

⇒Romantische Philosophie heißt Kunst, heißt, wie ich schrieb, Transzendentalphilosophie.

Heißt es doch im Athenaeum, der Kunstzeitschrift der Jenaer Frühromantik über die transzendentale Literatur: „Der Willkür des Dichters steht kein Gesetz über."

Die romantische Philosophie ist eine progressive Universalpoesie, die sich aus, eben, Philosophie, Religion und der Kunsttheorie gliedert.

Romantisch schreiben bedeutet phantastisch zu schreiben. Einfache Dinge synästhetisieren, sie bündeln, umwandeln zu etwas Großartigem. Phantasie und Synästhesie bilden den Ausgang für die ersten Fragmente Tiecks, Schlegels und Novalis'.

Das Vorbild dieser Fragmente liefert jedoch ein Werk Goethes. Der „Wilhelm Meister" ist Ausgang für die ersten essayartigen Werke wie den „Ofterdingen", der „Lucinde" und „Franz Sternbalds Wanderungen", die alle zum Teil musikalisch, zum Teil poetisch, zum andern auch, wie man an „Lucinde" ersehen kann, erotisch gebaut sind.

Aber auch der „Faust I", das Königsdrama des Dichterfürsten, wurde in der Romantik phantasiert und synästhesiert.

Chamisso lieferte mit seinem „Peter Schlemihl" eine wundersame Geschichte, ein Märchen, das Goethes Teufelspakt umwandelt und, poetisch, philosophische Ansätze der Kunst aufzeigt.

Auf weitere Literatur und Dichtung will ich im zweiten Teile des Buches eingehen!

***

Kurzer Abriss über Politik in romantischer Hinsicht

Die Romantik ist in ihrer Theorie philosophisch, politisch bestrebt, die Vergangenheit leben zu lassen. Genauer gesagt, es fordert die Bewegung die Einwebung der alten Zeit, des Vergangenen; die Kunstidee beschäftigte sich vornehmlich mit der Rückwendung zum Kaiserreich des Mittelalters. In der Kunstepoche der Romantik selbst erlebt der Betrachter den Umbruch der feudalen zur bürgerlichen Gesellschaft, zudem spürt er die vorbereitenden Schritte des Vormärzes, des dialektischen Materialismus Marx', mit dem Wartburgfest 1817 und dem Hambacher Fest 1832. Diese Ereignisse wurden möglich durch die Gründung der Burschenschaften, während der Tendenz der Epoche des Romantischen. Weiterhin kann man in der politisch-agitativen Schriftstellerei die Nachwirkungen der Revolution Frankreichs sowie der Unabhängigkeitserklärung Amerikas spüren. Auch der Kampf gegen das napoleonische Imperium wird im Schriftstellerischen durch Patriotismus vertreten. Das Thema Europa wird durch Schriften wie „Die Christenheit und Europa" erstmals angesprochen. In England präsentiert sich der Anarchismus durch die Lyrik Shelleys.

Zum ersten Mal eröffnen sich aus diesen Grundgedanken des Politischen die Züge einer sozialen Idee.

Politisch gesehen, erlebt die Romantik die ersten schleichenden Schritte, die von Jean Jacques Rousseaus Forderung zur Natur hinausgehen, und bei Marx' Manifest enden!

Aus diesen Ideen der romantischen Philosophie, der progressiven Universalpoesie, dem Ästhetischen, den Synästhesien, der Antiaufklärung und alledem Angesprochenen lässt sich theoretisch etwas bündeln. Dies will ich die assoziative Synthese aus Romantik nennen; eine Synthese, welche die gesamte magische Zeit einschließt.

Assoziative Synthese der Begriffe

Wie lebt man heute?

Lebt man nicht immer noch so, wie es der erste Empirist John Locke sagte: „Der Mensch verhält sich zum Mensch, wie der Wolf zum Mensch." Romantisch gesehen darf dies nicht so sein! Die blaue Blume muss gleichmachen, brüderlich. Es muss der Bruder vom Bruder umarmt werden! Wie ist dies zu verstehen? Aus alledem Geschriebenen will ich nun eine Friedenstheorie bilden, die da heißt „Ästhetischer Frieden". Krieg, so wie wir ihn kennen, ist destruktiv, zerstörerisch. Wenn wir alle in Einklang mit der Ästhetik leben, existiert kein Krieg. Er wird zu etwas Entgegengesetztem, was den Wert des Friedens in höherem Maße steigert. Der Pantheismus ist ein wichtiger Bestandteil dieser Assoziation. Der Frieden, wie ich ihn kenne, wird seit jeher durch theologische Aspekte gestört! Die Religionen, die Aufspaltung der Gottheiten, die Differenzierung des Glaubens fördern Krieg. Pantheismus hingegen vereint die „Uneinigkeit" im Glauben der Menschen. Wenn wir alle Gott in der Schöpfung sehen, ihn als Synthese aus Natur und Geist betrachten (Schelling), so muss uns klarwerden, dass ein Krieg der Religion wegen unnütz ist. Krieg ist ein rationaler Faktor, der durch irrationales Denken verdrängt werden kann. Das romantische Denken, so wie ich es vorgestellt habe, besteht nicht aus Rationalität. Krieg wird mit Hilfe der Paradoxie lächerlich. Der Mensch ist, wenn er so denkt. kein Wolf mehr. Der Mensch ist, wenn er so denkt, ein Poet.

Ich will Poesie über die Welt tragen, einen Frieden erreichen. Lassen wie die blaue Blume, die uns brüderlich macht, wieder leben. Gehen wir in uns, suchen wir nach dem Weltall im Inneren unserer Seele, wenn wir den Weltfrieden erhalten haben. Lassen wir Magie für immer unseren Beschützer gegen Waffen sein. Märchen und Gedichte sollen unseren Pantheismus lenken. Krieg und Frieden wird zum Bestandteil der Vergangenheit. Einzig bleibt uns der Friede, den wir mit Tatendrang einleiten!

Der Nihilismus und die Romantik

Man kann nicht allein mit der Magie der Romantik ein Gedankengebäude aufbauen. Sie braucht schon einen Partner, der überwunden werden muss, der die Dekadenz im heutigen Leben aufzeigt. Sprich „Nihilismus", der Glaube an Nichts, die Erkennung von heutiger philosophischer Krise, muss gebraucht werden.
Was ersieht man in dem Begriff? Der Nihilist durchschaut Dekadenz; er begreift alles, was nicht wünschenswert ist. Begreifen, das heißt: Der Glaube ans Leben wird einem genommen, denn dies wird nicht weiter wünschenswert. Der Nihilist sieht kein Land mehr, auf dem er zu leben gedenkt.
Keine Angst, dieser Zustand soll nicht von Dauer sein. Er ist nur nötig, um die Philosophie vor dem endgültig Negativen zu retten.
(Die Neuromantik basiert immerhin auf Nietzsches lebensphilosophischem Nihilismus, auf seiner Tiefenpsychologie.)
Ich will den Leuten mit dem Nihilismus nicht zeigen, wie schlecht es auf der Welt ist, sondern nur darstellen, was fehlt.
⇒Dies ist die Magie.

Man sollte auf der Welt einen Tag einführen, einen nihilistischen, der befreit, die Ketten sprengt. Aus dieser Überwindung heraus sollte direkt eine neue Idee verwirklicht werden: „Die Wiederkunft des Gleichen!"

Diese Wiederkunft ist die Synthese aus Romantik, Neuromantik und Flower-Power-Romantik. Eben eine Synthese, die den gesamten romantischen Zyklus, bis zu Walter Benjamin und Fromm aufzeigt. Man sollte an dieser Stelle sagen, um den nihilistischen Tag zu beleuchten: Nihilismus ist der Schlüssel, der nicht verängstigen sollte, sondern ermutigen. Es ist leichter, Fehler zu verbessern, solange die Zeichen günstig sind; je früher dies geschieht, desto mehr kann die Zukunft für uns bringen

Was sollte an diesem Tag geschehen?

Es wäre das Einfachste, wenn man etwas hätte, etwas Magisches, das den Weg der Dekadenz in heutiger Welt aufzeigt. Es muss aber nicht nur magisch, sondern nihilistisch radikal sein, so wie Nietzsche es auch wollte! Der „Nihil"-Gedanke als Übergangsstadium zum Großartigen.

Ein Gedicht könnte man dazu verwenden, ein radikal magisches, nihilistisches, zerstörerisches Gedicht, das den Weg zur eigentlichen Magie, dem System, ebnet. Dies Gedicht könnte an einem solchen nihilistischen Welttag interpretiert und überwunden werden. Somit hätten wir einen Standpunkt (das Gedicht), der uns gedanklich vereint, uns brüderlich macht, ähnlich wie es die blaue Blume der Romantik tut.

Wir müssen aus einem solchen Gedicht, auch aus einem Aphorismus, Schlüsse zur Einheit ziehen. Diese Einheit wird nur durch Magie möglich, durch Irrationalität, durch Paradoxie. Das Gewöhnliche des Gedichts, das Radikale, muss nun paradox betrachtet werden. Aus Gewöhnlichem muss Unheimliches werden, aus Endlichem Unendliches. Dies Gedicht, der genial-nihilistische Einfall, der unser System anführt, soll von Georg Trakl stammen, dem Dichter, der Nietzsche wohl am genauesten verstand und dazu Novalis verehrte.

Herbst

Am Abend, wenn die Glocken Frieden läuten,
Folg' ich der Vögel wundervollen Flügen,
Die lang geschart, gleich frommen Pilgerzügen
Entschwinden herbstlich klaren Weiten.

Hinwandelnd durch den nachtverschlossenen Garten,
Träum' ich nach ihren helleren Geschicken
Und fühl' der Stunden Weiser kaum mehr rücken.
So folg' ich über Wolken ihren Fahrten.

Da macht ein Hauch von Verfall erzittern.
Ein Vogel klagt in den entlaubten Zweigen.
Es schwankt der rote Wein an rostigen Gittern,

Indes wie blasser Kinder Todesreigen
Um dunkle Brunnenränder, die verwittern,
Im Wind sich fröstelnd fahle Astern neigen.

2

Wenn man nun hinginge, dieses Gedicht interpretierte, müsste einem auffallen, dass die ersten beiden Strophen romantisch stilisiert sind. Die dritte und vierte hingegen sind das Radikal, das uns bestrebt, den Appell der Widerlegung der Dekadenz durchzuführen. Man muss dies Gedicht nicht mit dem Tod in Einklang bringen, sondern im übergreifenden Sinne mit der Magie. Ich möchte keinen Interpretationsansatz liefern, die unterstrichenen Zeilen besagen mehr als genug! Der denkende Mensch muss in diesem Gedicht lediglich den Zustand erkennen, in dem er lebt, ihn erörtern, ihn hinterfragen und folgern, dass etwas geschehen muss.
Nun sollte ich mit Nietzsches aphoristischen Worten der Götzendämmerung fragen:
Dritte Gewissensfrage: Bist du einer, der zusieht? Oder der Hand anlegt? Oder der wegsieht, beiseite geht ...

Die Antwort darauf muss der angehende Romantiker selbst finden. Nun lasst euch Zeit, interpretiert Trakls Verse, stellt euch Nietzsches dritte Gewissensfrage und folgert vielleicht jenes, was ich auch folgerte. Eventuell erkennt ihr die Dekadenz in unserem System, die stagnierende Motivation; vielleicht hinterfragt ihr, was man gegen diesen aufhaltsamen Zustand tun kann. Vielleicht findet ihr den Weg zur Magie, zur Ästhetik. Jedoch, um das Gedicht richtig zu deuten, muss das Vorangeschriebene ebenfalls richtig verstanden werden, denn sonst kann man es nicht überwinden.

Lasst uns in dieser „aufgeklärten" Zeit die Zeichen zur Poesie umkehren.

Um die Überwindung endgültig zu vollenden, muss man sich den einzelnen Strömungen, den Epochen der Romantik gegenüberstellen. Dies muss man tun, um zu verstehen, was praktische „Magie" ist, und in zweiter Hinsicht, um die Magie zu erlernen, die danach praktikabel ausgelebt werden kann.

Diesem Bestreben sind die nächsten Kapitel gewidmet.

Betrachtet werden müssen die Phasen der ersten Romantik, des Biedermeiers, die Neuromantik, die psychedelische Literatur Hesses und die kritisch-philosophische Form der Frankfurter Schule. Bei alledem dürfen aber niemals die psychologischen und psychoanalytischen Momente vergessen werden. Es gelten nicht nur die Ideale Novalis', Stifters, Kleists, Hesses und Zweigs; nein, es zählen auch die Ideen Freuds, die in Kohärenz zur Theorie Nietzsches, der Tiefenpsychologie des „Zarathustra" zu sehen sind.

II. Auch eine romantische Geschichte der Philosophie zur Bildung der Menschheit

Die Romantik als Hauptbegriff

Die Romantik selbst ist ein System, das nicht nur die Literatur prägte, sondern auch die Politik. Doch diese drei Aspekte genügen immer noch nicht, um romantische Strukturen offenzulegen, denn auch in der Musik, in der Kunst, der Medizin, ja sogar im Liebesleben lässt sich die Romantik erkennen, das System der Magie in voller Blüte. Bisher haben wir in diesem Büchlein nur Grundbegriffe genannt, zum Beispiel: Ästhetik, Irrationalität und Pantheismus. Man hat gesehen, wozu diese nütze sind, wenn aus ihnen allein eine Theorie gebildet wird. Sie sind gut für die Erhaltung des friedvollen Lebens! Aus ihnen allein lässt sich eine Idee verwirklichen, die einen ersten Schritt gegen die antimotivierte Gesellschafft darstellt. Doch dies allein genügt nicht. Es muss eine tiefergehende Beschäftigung mit dem Hauptbegriff der Romantik geschehen!

Im 18. Jahrhundert herrschte vorerst die Rationalität Kants. Das Denken des Menschen bezog sich auf seine Handlungen, seine Vollbringungen, seine Arbeit. „Die Kritik der reinen Vernunft" und der darauf begründete Aufklärungsgedanke der Bürokraten forderten dies.

Der Ausgang jenes Jahrhunderts jedoch fasziniert durch Irrationales. Der Mensch faszinierte nicht mehr als Handelnder, Arbeitender, sondern man interessierte sich für die Paradoxien, wie ich sie schon zu erklären versucht hatte. Es zählten Empfindungen, nicht mehr Berechenbares, sondern das magisch Unberechenbare war Kern dieser beginnenden Epoche.

Romantik, so wie sie die ersten romantischen Schriftsteller sahen, ist wie eine Operation der Welt zu sehen. Diese Operation bestand aus der Umwandlung der Welt Kants zur Welt des Ofterdingen. Dieser Eingriff ist aus diesem Sprüchlein zu erkennen:

„Indem ich dem Gemeinen einen hohen Sinn gebe, dem gewöhnlichen ein geheimnisvolles Ansehen, dem Bekannten die Würde des Unbekannten, dem Endlichen einen unendlichen Schein gebe, so romantisiere ich es." (Novalis)

Ist dies nicht eine Umwertung der damaligen Werte?

Warum es dazu kam; warum aus Aufklärungsgedanken Irrationales, Romantisches wurde, will ich nun im Folgenden erklären.

Vielleicht fällt uns auch dann die Überwindung des Nihilistischen leichter.

Der Widerspruch im System Kants, zwischen Individualität und Anpassung, führte zu einer Unterdrückung der menschlichen Fähigkeiten.

Die Romantiker versuchten mit dem Ästhetischen, diese Krise zu bewältigen. Diese spaltete sich in ein Soziales, ein Politisches und ein Philosophisches.

Zum Sozialen: Die Lebensverhältnisse verschlechterten sich äußerst, das Leben selbst wurde zum Leiden.

Die Politik veränderte sich zum terrorisierenden Feudalabsolutismus.

Das philosophisch-rationale Ideal machte aus den Menschen der damaligen Epoche mehr oder weniger Funktionäre des Systems.

Als Folge jener Krise ersieht man die Rückwendung zum Mittelalter, wie ich sie schon angesprochen habe. Man ersieht ein neues Geschichtsbewusstsein in voller Nostalgie.

Zum anderen erkennt man die Widerlegung des Fortschrittsoptimismus der Aufklärer.

Aufklärung heißt ja, wie angesprochen: Anpassung, sowie Individualität.

Diesen Widerspruch im System Kants, Lessings, Leibniz' erkannte Fichte und erkannten die angehenden Romantiker der frühen Jenaer Jahre. Sie stellten praktisch gesehen Ideen gegen die Idee der Anpassung der Gesellschaft auf, denn diese ist eine, die gegen den Selbstverwirklichungstrieb der Romantiker sprach. Die Aufklärung stand sozusagen der romantischen Antiaufklärung im Wege, da die Erkenntnis der romantischen Ideologie darauf aufbaut, nicht nur durch die Gesellschaft zu agieren, sondern durch das künstlerische, schöpferische Ich. Die Folge, die man nun überschauen muss, heißt

Selbstverwirklichung des Künstlerischen. Der klassische Künstler steht im Gegensatz zum romantischen Genie. Man ist jetzt kein Moralprediger mehr und will es auch nicht sein; man ist als Romantiker ein Außenseiter der Gesellschaft. Daraus kristallinert sich eine Abwehrung des Philistertums, eine erste moderne Psychologie.

Was folgern wir aus dieser Revolution?

Wenn man nun die Problematik dieser ersten romantischen Revolution sieht, muss man sich doch eingestehen, dass sich die Gesellschaft heute in einer ähnlichen befindet. Wir haben sicher auch eine soziale, bestimmt eine philosophische Krise. Die soziale Krise besteht aber nicht aus Armut, sondern aus Überfluss, der uns träg werden lässt. Die philosophische Krise folgere ich als Antwort auf das Sozial-Dekadente.

Es ist vielleicht zu einfach, dem sozialen Überfluss eine Ästhetik gegenüberzustellen, eine Kunst, die von dem Individuum selbst ausgehen muss. Jeder für sich muss seine Kunst erwecken, jeder muss Künstler werden, um die Idee einer postmodernen Romantik zu vollenden, die die stagnierende Motivation aufhalten kann.

Betrachten wir uns nun Beispiele der ersten romantischen Strömung, die uns vielleicht erklären, was es heißt, Romantiker zu sein. Als Erstes habe ich mir überlegt, Gedichte, Werke Hölderlins zu präsentieren. Dieser war ein Ausnahmegenie, das nicht unbedingt in eine literarische Strömung einzuordnen ist und von seinen Zeitgenossen als unwichtig angesehen wurde. Seine Würdigung erhielt er erst in den zwanziger Jahren des zwanzigsten Jahrhunderts. Das Erste bietet uns zugleich einen Appell; es ist ein Aufruf an die junge Dichterschar der klassisch-romantischen Zeit. Doch was beachtet werden muss, bei der Betrachtung dieses Meisterstückes, ist die klassisch-dionysische Ader, der es entsprießt. Denn Hölderlin zählt zu mich zu den klassisch romantischen Einflüssen, die zu Beginn der Epoche vorherrschend waren. Wenn wir dieses Werk genau betrachten, kann es auch nützlich sein. Es ist nicht allein ein Appell der damaligen Zeit, nein, es kann ebenfalls ein Appell an uns sein, denn wenn wir Romantiker werden wollen, so müssen wir uns über unseren dichterischen Gedankenfluss aufklären. Wir müssen versuchen, die Welt in Reimen zu sehen, so wie es Hölderlin getan haben mag. Vielleicht wollt ihr auch in eurer Kreativität nicht nur dichterisch denken und handeln, vielleicht wollt ihr zudem das eine oder andere niederschreiben (in ästhetischer Hinsicht). Beachtet dabei dies Gedicht, denn dies zählt von gestern bis heute:

An die jungen Dichter

Lieben Brüder! es reift unsere Kunst vielleicht
Da, dem Jünglinge gleich, lange sie schon gegärt,
Bald zur Stille der Schönheit;
Seid nur fromm, wie der Grieche war.

Liebt die Götter und denkt freundlich der Sterblichen!
Hasst den Rausch, wie den Frost! lehrt und beschreibet nicht!
Wenn der Meister euch ängstigt,
fragt die große Natur um Rat.

Das ist vielleicht eine kleine Anleitung zum dichterischen Denken, handeln und schreiben, wie ich sie nicht besser geben kann. Ich lasse einfach die Magie dieser Zeilen wirken; eventuell wird es euch eine Idee liefern, romantisch die Welt zu erblicken. Es gibt vielleicht eine Illumination, die nützlich wäre. Des Weiteren möchte ich auf ein Gedicht verweisen, das ebenfalls durch die Feder Hölderlins das Licht der Welt erblickte. Es ist ein Lied, welches uns den Geniegedanken der Magier näherbringt:

Hyperions Schicksalslied

Ihr wandelt droben im Licht
    Auf weichem Boden, selige Genien!
        Glanzende Götterlüfte
            Rühren Euch leicht,
                Wie die Finger der Künstlerin
                Heilige Saiten.

Schicksalslos, wie der schlafende
Säugling, atmen die Himmlischen;
Keusch bewahrt
In bescheidener Knospe,
Blühet ewig
Ihnen der Geist,
Und die seligen Augen
Blicken in stiller
Ewiger Klarheit.

Doch uns ist gegeben,
Auf keiner Stätte zu ruhn,
Es schwinden, es fallen
Die leidenden Menschen
Blindlings von einer
Stunde zur andern,
Wie Wasser von Klippe
Zu Klippe geworfen,
Jahr lang ins Ungewisse hinab.

Um noch eins mehr zu geben, habe ich mich um ein Hölderlinsches
Exzerpt bemüht. Dies filtert die Wichtigkeit in voller Klarheit. Es
soll von mir, mit Gedanken Hölderlins, eine Frage zur Sprache
gebracht werden, denn:
Nun seid ihr dies (nachdem ihr mir soweit gefolgt seid)
Denn, ihr Deutschen, auch ihr seid Tatenarm und Gedankenvoll
Dies ist der erste Ansatz des Reimes. Nun denn, sind wir wirklich
tatenarm und seit einiger Zeit gedankenvoll?
Wenn wir dies sind, verstehen wir den Spruch in vollem Ausmaße!

Denn, ihr, auch ihr seid
tatenarm und gedankenvoll
Oder kömmt, wie der Strahl aus dem Gewölke kömmt,
Aus Gedanken die Tat?
Leben die Bücher bald?

So fragt Hölderlin.

Motiviert er hiermit nicht die Gesellschaft? Motiviere ich vielleicht euch, da ich diesen Spruch euch zugesandt? Nun, wie wirkten diese ersten Beispiele auf euch, seid ihr jetzt endgültig bestrebt, die Dekadenz abzustreifen? Wollen wir noch eine vermischte Bemerkung des Frühromantikers Novalis hinzugeben, die uns letztendlich aufklärt: „Nichts ist poetischer, als Erinnerung und Ahndung, oder Vorstellung der Zukunft. Die gewöhnliche Gegenwart verknüpft beide durch Beschränkung. Es entsteht Kontiguität, durch Erstarrung Kristallisation. Es gibt aber eine geistige Gegenwart, die beide durch Auflösung identifiziert, und diese Mischung ist das Element, die Atmosphäre des Dichters. Nicht Geist ist Stoff!" Mit solchen Gedankenansätzen verzauberte die Romantik Welten. Aus Gedanken wie diesen, zum Beispiel Unbewusstes zu Bewusstsein zu bringen oder die wahrgenommene Wirklichkeit symbolisch aufzufassen, mit prometheischen Augen die Welt zu sehen, kann man sich die Ideen großer philosophischer Meister wie Schopenhauer, Kierkegaard und Nietzsche erklären. Die Romantik, wie sie philosophisch betrachtet werden sollte, ist ein System, das nicht nur von Schelling, Fichte und Novalis geprägt wurde und in einzelne Facetten des Denkens gegliedert werden muss. Nein, die Facetten aneinandergereiht ergeben einen Fluss der „Logik", der von Herder und Goethe bis in unsere Zeit reicht. Wobei letzteres leider, in meinen Augen, nur durch einen „Schlafes Bruder" symbolisch dargestellt wird. Bei der Betrachtung der romantischen Strömungen müssen immer die Gegenströmungen im Auge behalten werden. Bei der ersten Strömung, die gegen den Idealismus dieser Zeit geht, handelt es sich um eine technisierte-newtonsche-rationale, die eben die Romantiker an den Rand der Gesellschaft drückte. Man kann sich ja vorstellen, dass es auch zu dieser Zeit konservative Kräfte gab, die auf das kantisch-cartesianische Weltbild zurückzuführen sind. Nicht die Gesellschaft liebte Homer als Schöpfer und lebte in dionysischen Ausmaßen, nein, es war das künstlerische Ich, gefordert durch Fichte, welches die Welt der damaligen Epoche entzweite. Der Ursprung des Denkens der Gegenströmungen liegt in der Rationalität Descartes, die Verbindung aus beiden Systemen, dem rationalen und dem irrationalen, ist ein pantheistisches Weltbild oder auch ein dialektisches, in der Auffassung Hegels. Zur Zeit der ersten Romantik gab es nicht nur Poeten, Mystiker, sprich romantische Psychedeliker, nein, wir haben die Aufspaltung des Weltbildes in ein technologisch-konservatives und ein magisches ideales Bild, das in den Schriften der Jenaer Frühromantik am deutlichsten erscheint. Das absolut kompletteste System, das zur Zusammenführung der Systeme rational irrational gedacht wurde, stammt nun nicht allein von Goethe und Spinoza, die den Pantheismus entwickelten. Sondern von Hegel, der ein klassisches System wiederentdeckte: die Dialektik. Sie alleine führte Rationales zu Irrationalem, synthetisch versteht sich. Doch dies Denksystem will ich nun nicht wiederaufleben lassen. Ich will keine rationale Welt mit einer Irrationalen verknüpfen müssen! Ich will einzig und allein Poesie und Romantik. Ich will Fichtes und Schellings Idee von der Bestimmung des Menschen wieder aufgreifen. Die Abrundung des Idealismus mit Magie, wie es sie damals gab, wäre genug – wenn sie in Verbindung mit einem weiteren System betrachtet wird: dem Nietzscheanischen.

Gehen wir der Reihenfolge nach alle Facetten dieser ersten durch und beachten dabei immer die Gegensysteme. Es ist ein Spiel wie Gut und Böse, das man durchqueren muss, bis man zu einem Willen gekommen ist, der Wahrheit heißt und das Künstlerische endgültig öffnet. Doch bevor dies geschieht, darf ich zu Gut und Böse noch etwas sagen:

Vormärz↔Biedermeier

Neuromantik↔Expressionismus

betrachten wir unter dem Einfluss Nietzsches. Ein Aphorismus klärt uns auf:

„Es gibt einen alten Wahn, der heißt Gut und Böse. Um Wahrsager und Sterndeuter drehte sich bisher das Rad dieses Wahns. Einst glaubte man an Wahrsager und Sterndeuter und darum glaubte man, alles ist Schicksal: Du sollst, denn du musst! Dann misstraute man allen Wahrsagern und Sterndeutern und darum glaubte man, alles ist Freiheit: Du kannst, denn du willst! Oh, meine Brüder, über Sterne und Zukunft ist bisher nur gewähnt, nicht gewusst worden, und darum ist über Gut und Böse bisher nur gewähnt, nicht gewusst worden!"

Dies ist ein Spruch, der jenseits von Gut und Böse entstand und auf Systemen romantischen Gedankengutes verwirklicht wurde. Nietzsche stand unter dem Einfluss der Titaniden-Zeit: Jean Paul, Hölderlin und sicher auch der Schwärmer Novalis prägten ihn. Um dies noch einmal zu durchleuchten, will ich nochmals in die Welt der Magie einsteigen, auf der Gedankengebäude errichtet wurden. Bisher habe ich nur frühe Gedichte Hölderlins präsentiert, und ich weiß nicht, ob dies genügt, die romantische Welt in lyrischer Form darzustellen. Deshalb mache ich nun einen gedanklichen Rückschritt; deswegen gebe ich noch ein Beispiel hinzu, das die ideale Welt der dionysischen Ästhetik verdeutlichen soll, auch hier sollte man das Zusammenwirken der Kräfte Nietzsches, das Gute und das Böse in betrachtender Form einweben. Diese Kräfte kann man an einem Gedicht des jungen Heine erkennen, das zudem den Schritt zum nächsten Kapitel leichtmacht. Denn was war Heine? Gehörte er wirklich nur dem Revolutionsdenken des Vormärzes an, oder war er eine Person, die beides, das Romantisch-Biedermeierliche und das Republikanisch-Linkshegelianistische in sich trug. In dieser letzten magischen Betrachtung jenes Essays zur grundlegenden Romantik gehe ich auf die „Götter Griechenlands" ein. Es ist ein poetisches Stück, an dem man die Verknüpfung der dionysischen Ausmaße mit der klassisch-romantischen Weltsicht erkennen kann. Es zeigt die Einwebung des Homerischen und zugleich die kommunistische Ader des ausgehenden ersten romantischen Weltbildes, das durch eine neue Generation, eine neue Dichterschar in Form des Biedermeiers wiedergeboren wird.

Die Götter Griechenlands   Heinrich Heine

Vollblühender Mond! In deinem Licht,

Wie fließendes Gold, erglänzt das Meer;
Wie Tagesklarheit, doch dämmrig verzaubert
Liegt's über der weiten Strandesfläche;
und am hellblau'n sternlosen Himmel
Schweben die weißen Wolken
Wie kolossale Götterbilder
Von leuchtendem Marmor.

Nein, nimmermehr, das sind keine Wolken!
Das sind sie selber, die Götter von Hellas,
Die einst so freudig die Welt beherrschten,
Doch jetzt verdrängt und verstorben,
Als ungeheure Gespenster dahinziehn
Am mitternächtlichen Himmel.

Staunend, und seltsam geblendet, betracht ich
das luftige Pantheon,
Die feierlich stummen, grau'nhaften bewegten
Riesengestalten.
Dort ist der Kronion, der Himmelskönig,
Schneeweiß sind die Locken des Hauptes,
Die berühmten olymposerschütternden Locken.
Er hält in der Hand den erloschenen Blitz,
In seinem Gesichte liegt Unglück und Gram,
Und doch noch immer der alte Stolz.
Das waren bessere Zeiten, o Zeus,
Als du dich himmlisch ergötztest
An Knaben und Nymphen und Hekatomben;
Doch auch die Götter regieren nicht ewig,
Die jungen verdrängen die alten,
Wie du einst selber den greisen Vater
Und deine Titanen-Öhme verdrängt hast,
Jupiter Parricida!
Auch Dich erkenn ich, stolze Juno!
Trotz all deiner eifersüchtigen Angst,
Hat doch eine andre das Zepter gewonnen ...

Hier unterbreche ich, denn dies ist wahrlich die Verknüpfung der Romantik mit der neu ankommenden Zeit, die man im Volksmund Vormärz nennt. Ich will nicht das ganze Gedicht benutzen, in meinem Büchlein, allein der Schluss zeigt im großen Rahmen, was ich meine. Die Ablösung der Himmelsgötter und die Neuankunft der Sterne ist ein romantisches Bild, das auf einen revolutionären Charakter schließen lässt:

Also sprach ich, und sichtbar erröteten
Droben die blassen Wolkengestalten,
Und schauten mich an wie Sterbende,
Schmerzverklärt, und schwanden plötzlich,
Der Mond verbarg sich eben
Hinter Gewölk, das dunkler heranzog;
Und siegreich traten hervor am Himmel
Die ewigen Sterne.

Ich will diese schöpferischen Eingebungen Heines nutzen, um zum einen die Hauptperiode der Romantik, die mit dem Tod Goethes 1832 ihr Feuer verlor, abzuschließen, zum anderen den Vormärz und das Biedermeier geschichtlich einzureihen. Außerdem gilt es noch für mich, Nietzsches ersten wichtigen Gedanken am folgenden Beispiel zu erörtern:
Das dritte, die Verknüpfung von Gut und Böse, das: Du kannst, denn du musst oder willst, das die Freiheit als oben anstehendes Ziel hat, verbinde ich mit den dionysischen Worten Heines. Die Geburt der Sterne, bedeutet sie nicht Freiheit, Austausch von Bösem zu Gutem, was die Folgerung, du kannst, denn du willst, nach sich zieht.
Über Sterne ist bisher nur gewähnt worden!
Und noch eines gibt mir Aufschluss über Gut und Böse:

Was die Natur gewoben,
Was Menschen drauf erhoben,
Verband mir Poesie.
So wähnt' ich klar zu lösen

Das Gute samt dem Bösen
Zu hoher Harmonie.
(Schlegel)

Die Verbindung Nietzsches zu den Werken Hölderlins, den
Geniegedanken Novalis' und des Hyperion stehen in Kohärenz zur
„Geburt der Tragödie". Nietzsche war der Schlüsselpunkt der
romantischen Ader: Seine Werke wurden beeinflusst von Goethe
und Jean Paul, überwanden Realismus und forderten die
Neuromantik sowie den Expressionismus, die Weiterlebung des
psychologisch Ästhetischen.

Biedermeier und Vormärz –
Spätromantik und Marxismus

Am besten beginne ich mit der logischen Schlussfolgerung des
romantischen Kampfes: Dem Vormärz.

Der Vormärz in seiner Art bekämpfte das, was die Romantiker als
negativ betrachteten, so zum Beispiel die sozialen Gegebenheiten,
den Feudalterrorismus, also das Politische und die Lebensumstände
der Zeit. Sicher, diese Epoche ist in ihrer Struktur reeller gegliedert,
sie erscheint nicht als irreal, ist jedoch als Folgerung des Irrealen zu
betrachten. Um zu verdeutlichen was ich meine, will ich die Zeit vor
der deutschen Revolution 1848 genauer durchleuchten und dabei
zunächst den Beginn der Epoche ins Auge fassen. Für den Vormärz
gibt es drei geschichtliche Möglichkeiten, die ihn zu voller Blüte
brachten. Als erste Ausgangsmöglichkeit fällt dem Historiker die
Gründung des Deutschen Bundes 1815 ins Auge, als zweite die
Julirevolution 1830, zum Dritten der Tod Goethes 1832 sowie die
politische Stagnation nach 1835-36, die 1840 zur Rheinkrise führt
und eine nationale Begeisterungswelle auslöst. Für mich spielen alle
Faktoren eine gewichtige Rolle, doch der Ausgang des
Romantischen ist eindeutig mit dem Tod Goethes datiert.

Wenn man diese Epoche betrachtet, fällt einem da nicht der
sozialdemokratische, ja, sogar der kommunistische Gedanke ein, der

durch Karl Marx und Friedrich Engels in der Internationalen verkündet wurde. Wenn ich an diese Epoche denke, kommen mir Herwegh, Fallersleben, Heine, Büchner und viele andere in den Sinn, die diese Zeit durch ihr lyrisches Engagement trugen. An welcher Idee hielten sie fest? Etwa an der eines Idealisten, der schon Romantik mit Rationalismus verbinden wollte? Ist dies nicht ein romantischer Grundgedanke, wenn man die Verbindung Hegels, die Dialektik als Grundvoraussetzung für den Vormärz ansieht?

Zu dieser Zeit erlebt der Beobachter das Auftreten der Jung- und Linkshegelianer, die der Illusion und dem Liberalen Grenzen setzten. Anders als in der Romantik, erlebt der Proletarier eine radikale, kritische Literatur, die aus Poesie und Mystik entsprang. Wenn man sich den Aufsatz Heines („Das Ende der Kunstperiode") verinnerlicht, erfährt man, dass die Kunstperiode eben mit Goethes Tod abschließt. Heine spricht von einer aufsteigenden Geistigkeit in der Literatur, von einem Erwachen der neuen, jungen Künstler. Aber in seinem Aufsatz deutet er etwas an das, zu denken geben muss: „Oder wird das greise Europa sich wieder verjüngen, und die dämmernde Geistigkeit seiner Künstler und Schriftsteller ist nicht das wunderbare Ahndungsvermögen der Sterbenden, sondern das schaurige Vorgefühl einer Wiedergeburt, das sinnige Wehen eines neuen Frühlings."

Was meint Heine mit dieser Wiedergeburt? Meint er vielleicht eine neue Periode der Kunst, die die Romantik umschließt?

Man muss davon ausgehen, dass literarisch gesehen der klassisch-romantischen Zeit nicht nur der Vormärz und das Biedermeier folgt, nein umschließen wird das Ganze der Poetische Realismus!

„Vormärz" heißt ja eine praktikable, anwendbare, nützliche Dichtung, die den Menschen von Grund auf neu aufklären will; eine neue Gesellschaftsstruktur fordert und als Überwindung und Konsequenz der Klassengesellschaft angesehen werden muss. Die Periode ist bestrebt, am Beispiele Frankreichs, genauer gesagt der Revolution vom 27. Juli 1830, eine deutsche Revolution, ein neues System einzuführen. Man sah damals in der Thronbesteigung des Bürgerkönigs Louis Philippe und der Verbannung Karls X. eine neue Idee der Politik, nämlich die der Regierung der unteren Stände. Das

Deutschland der damaligen Zeit musste darin seine Chance sehen, da es unter feudalem und restaurativem Terror und vor allem dem Rückstand des Systems litt. Die Julirevolution setzte im Bürgertum neue Kräfte frei: Man wagte zu opponieren, was da heißt, dass in vielen Kleinstaaten des damaligen Bundes Demonstrationen, Aufstände und Arbeitskämpfe an die Tagesordnung kamen. Dies waren sozusagen die ersten leichten Versuche gegen die Kosmopolitik der Restauration. Wie ich schon erwähnte, zählte das Hambacher Fest 1832, das ein Zwischenereignis der Zeiten Vormärz/Romantik darstellt, da es sozusagen die Loslösung, den Übergang der Welten darstellt, als systemübergreifend. An diesem geschichtlichen Großereignis nahmen immerhin 25000 Revolutionsgesinnte teil. Diese kamen aus allen Teilen Deutschlands und sorgten dafür, dass das Fest ein symbolisches für eine Einheit und einen Gleichklang wurde. Leider aber erschütterte dieses Fest nicht das zerrüttete System, da das Bürgertum zu unentschlossen agierte und in seiner Form zu gespalten tätig wurde. Die Folge dieser Unentschlossenheit, die wie eine Klette an den Wurzeln des Bürgertums haftete, war, dass viele mutlos und nicht kampfbereit das Land verließen. Mit der Rheinkrise, die ich schon erwähnte, erhöhte sich zum zweiten Mal das demokratische Bewusstsein des Bürgertums. Eine erneute Oppositionshaltung gegenüber dem enttäuschenden Restaurationssystem war die Folge. Auch der Wechsel an der Spitze dieses Systems, sprich die Thronbesteigung von Friedrich Wilhelm IV., brachte keinen frischen Wind; die Träume der unteren Stände gingen somit nicht in Erfüllung. Weitere Folgen dieser enttäuschenden Zustände waren der schlesische Weberaufstand, den Heine 1844 in lyrischer Form darstellte, sowie die Wirtschaftskrise 1847. Das Zweite, die Wirtschaftskrise, brachte vollends einen Auftakt der Revolutionäre gegen das damalig Dekadente. 1848 im März kann das lang Erwartete, der Ausbruch der demokratisch-bürgerlichen Revolution, nicht weiter unterdrückt werden. Die Revolution, die eine epochale Neuerung hätte bringen sollen, wurde nicht zu Ende geführt, da es Verbindungen des Bürgertums, der sogenannten Bourgeoisie, zum Feudalen gab. In der Phase selbst wurde der Kampf nicht zuerst auf die Politik übertragen, es waren die Religion und die Philosophie, die im Feuer der Kritik standen. Diese Schritte kann man an der Auflösung der Hegelschen Dialektik erkennen. Das Auftreten der Althegelianer, welche konservativ Philosophie betrieben und somit den preußischen Feudalstaat als Lebensziel, als Sinn des Systems ansahen, war die Gegenbewegung zum Linkshegelianismus. Der Althegelianismus hob einen negativen idealen Gedanken hervor, der im Gegensatz zur verbesserten Hegelschen Schule stand, die fortschrittliche Maßnahmen im Bezug zur damaligen Gesellschaftsidee aufstellte. Das Ziel der Linkshegelianer war einfach die Verbesserung der Monarchie Preußens.

In der Literatur findet man, ohne Beschönigung und Poesie, den Kampf und die Auseinandersetzung dessen, was als sozial bezeichnet werden darf. Zum Beispiel gingen viele Dichter auf die nationalen Missstände ein, die ich schon darlegte; dies aber geschah stärker als in der Romantik und in allen anderen Perioden des Schrifttums. Man kann getrost jene Epoche als Kritik gegen die politische Dekadenz ansehen, die sich durch ihr kämpferisches Naturell bestätigt. Publiziert wurde die Lyrik, ähnlich wie in Schlegels Athenaeum, in fortschrittlichen linksgerichteten Zeitungen wie zum Beispiel den „Hallischen Jahrbüchern" und der „Rheinischen Zeitung". Aber auch in konservativen Zeitschriften erschienen Gedanken Heines, so zum Beispiel in der „Augsburger Allgemeinen Zeitung". Wichtige Vertreter, die ihre Kritik in der richtigen Weise offenlegten und nicht durch konservative Stimmungen auffällig wurden, sind in jedem Falle Büchner und Heine. Beide konnten über den Tellerrand der Situation hinaussehen; Büchner zeigte sogar in nachfahrender Weise psychoanalytische Ansätze, wie es sie eigentlich in erster Linie in romantischen Strömungen gab. Man findet aber nicht nur einfache Gedichte im Vormärz; er ist auch die Zeit der Satiren und Lieder. (Herwegh, Fallersleben usf.) In diesen Schriften wurde mutig dazu aufgefordert, die Revolution anzugehen und die Freiheit und Einheit von Nation und Bürgertum zu erlangen. Man wurde als Schriftsteller zum Sprachrohr des Volkes, das durch das Scheitern der Revolution stark enttäuscht war. Nach 1848 ging diese Epoche dem Ende entgegen, da die Dichter enttäuscht über das Scheitern der Revolution das Land verließen und nur wenige wie Herwegh den Kampf fortsetzten.

Zur Bedeutung des Vormärzes:

Ich zeigte diese Strömung des Vormärzes in reinen Ausmaßen auf. Das Bestreben, welches ich mir davon erhoffe, ist, dass der geneigte Leser den Gedanken an Brüderlichkeit gewinnt. Man soll sehen, was alles aus einer Romantik heraus entstehen kann und noch entstehen wird!

Ich will nicht tiefer in die Materie einsteigen, da die Revolution von 1848 vorerst nur geschichtlich eingereiht werden soll, obwohl es Geschichtsphilosophen gibt, die Marx und Engels als Erben der romantischen Idee auffassen. Ich benutze den Vormärz in diesem Buche nur um aufzuzeigen, dass die Romantik, um es mit den Worten Marx' zu sagen: „Einen Geist durch Europa schickte." Den einzigen Satz, der wirklich für diese Betrachtung nützlich ist, der auf dem Höhepunkt des Vormärz-Denkens entstand, ist dieser: „Proletarierer aller Länder, vereinigt euch!" Man denke, wenn man diesen Satz liest, nochmals an meine romantische Friedenstheorie zurück, man denke an John Locke und stelle seine Wolfstheorie der von Marx gegenüber. Übrig bleibt bei diesem Schritt die Brüderlichkeit, die ich mit der blauen Blume symbolisch darzustellen suche.

Der Vormärz ist die logische, geschichtliche Verknüpfung, die aus den Gedanken der ersten Aufklärer entstand. Doch die Epoche ist nicht die alleinige, die sich zwischen Goethes Tod und dem Anbeginn des poetischen Realismus widerspiegelte. Das Biedermeier, getragen durch Schriftsteller wie Stifter, Droste-Hülshoff und Mörike, ist das Gegensystem im System des Schriftstellertums, das ich ausgehend von Novalis darstellte. Die Strömung, die überschneidend vom späten Romantischen bis hin zur Revolution 1848 als Übergang zum Realismus gesehen werden muss, ist ein konservatives Bild, das aber in die Reihe der Magie eingereiht werden muss. Konservativität findet man ja auch in der Hauptblütezeit der Romantik, so zum Beispiel bei Eichendorff. Das Biedermeier selbst ist als eine pessimistische Weltsicht zu sehen, da die beginnende industrielle Revolution, die noch auf Steinen Kants gebaut worden war, den Normalbürger dieser Zeit in Unsicherheit brachte. Die Neuordnung Europas durch den Wiener Kongress brachte eine weitgehende Enttäuschung des Bürgerlichen zutage, die förderte, dass man sich als Mensch ins Häusliche, in die Privatsphäre zurückzog. Dieser Rückzug ist ein resignatives Erlebnis des Einzelnen, das von einem Geselligkeitskultus getragen wird, der auf aufklärerische Momente zurückgreift. Es galt hier die Empfindsamkeit in der Tradition Lessings und Leibniz'. In der Literatur findet man die Ideale der Sittlichkeit, des Gutbürgerlichen, das Streben nach dem kleinen Glück. Außerdem betrachtet die biedermeiersche Welt das Schicksal als ein zu unterordnendes Element, es geht um ein Bestreben des Gleichmaßes, des inneren Friedens in Kohärenz zur Natur, zur Harmonie. Dem Pessimismus wird eine Idee entgegengesetzt, die sich positiv entfaltet. Dem Widerspruch zwischen rationaler und irrationaler Welt, zwischen Ideal und Wirklichkeit, wird das Bild der Poesie entgegengestellt. Die Welt wird als heile, gute, reromantische angesehen. Auch hier finden sich wieder Märchen, Gedichte, aber auch neuerdings Novellen und idyllische Gedichtbeschreibungen. Die Novelle freilich ist kein Novum der romantischen Kunst. Schlegel sah ja in „Boccaccio" einen Hauptvertreter des Romantischen (das „Dekameron"). Wenn man sich das Kind der Romantik, das Biedermeier, betrachtet, sollte man sich nochmals ins Gedächtnis rufen, was die Romantik wollte, denn sie ist das Schlüsselelement alles Biedermeierlichen. Der Weg nach innen, so wie ihn Novalis beschrieb, führte auch hier als Denkansatz zu einer ausgeprägten psychologischen Grundhaltung. Die Idee der Geborgenheit, der Wunsch nach einer guten, positiven Welt, forderte der Biedermeier-Stil, der sogar auf die Wohnkultur der Zeit Einfluss hatte. Da jene Strömung so nah mit der klassisch romantischen in Verbindung steht, will ich noch ein Beispiel geben, das zeigen soll, was romantische Magie sein kann. Mir liegt bei diesen Betrachtungen das lyrische Werk am nächsten, da es einfacher ist, mit Gedichten, aber auch mit Aphorismen und Exzerpten zu arbeiten. Bei diesem Beispiel, das mir durch schwere Suche offenbar wurde, handelt es sich wiederum um ein lyrisches Werk, es ist eines, das die biedermeierliche Strömung des Oositiven in Einklang mit romantischen Sphären darstellt. Es ist ein Werk Mörikes, das aufzeigt, wie ein Dichter im romantischen Sinne leben kann. Zudem beschreibt es mit ästhetischen Auslegungsformen, mit romantischer Harmonie, die Liebe als kostbarstes Gut. Der Dichter, der dabei freilich dargestellt wird, schwebt zwischen idealen und rationalen Faktoren. Zum einen die Liebe zu einer Frau, zum anderen das Apollinische des Dichterdranges.

Der junge Dichter

Wenn der Schönheit sonst, der Anmut
Immer flüchtige Erscheinung,
Wie ein heller Glanz der Sonne,
Mir zu staunendem Entzücken
Wieder vor die Sinne trat;
Wenn Natur mir oft und und alles
Erdenlebens liebe Fülle
Fast zu schwer am Busen wurde,
Daß nur kaum ein trunknes Jauchzen
Noch der Ausdruck lautern Dankes
Für solch süßes Dasein war:

O wie drang es da mich armen,
Mich unmündgen Sohn Apollens,
Dieses alles, schön gestaltet
Unter goldnen Leierklängen,
Fest, auf ewig festzuhalten!

Doch, wenn mir das tief Empfundne
Nicht alsbald so rein und völlig,
Wie es in der Seele lebte,
In dem Dichter zweite Seele,
Den Gesang, hinüberspielte,
Wenn ich nur mit stumpfen Finger
Ungelenk die Saiten rührte –

Ach, wie oft wollt ich verzweifeln,
Daß ich stets ein Schüler bleibe!

Aber, Liebchen, sieh, bei dir
Bin ich plötzlich wie verwandelt:
Im erwärmten Winterstübchen,
Bei dem Schimmer dieser Lampe,
Wo ich deinen Worten lausche,
Hold bescheidnen Liebesworten!
Wie du dann geruhig deine
Braunen Lockenhaare schlichtest,
Also legt sich mir geglättet
All dies wirre Bilderwesen,
All der Herzens eitlen Sorge,
Viel-zerteiltes Tun und Denken.
Froh begeistert, leicht gefiedert,
Flieg ich aus der Dichtung engen
Rosenbanden, daß ich nur
Noch in ihrem reinen Dufte,
Als im Elemente, lebe.

O du liebliche, du lächelst,
Schüttelst, küssend mich, das Köpfchen,
Und begreifst nicht, was ich meine.
Möcht ich selber es nicht wissen,
Wissen nur, daß du mich liebest,
Daß ich in dem Flug der Zeit
Deine kleinen Hände halte!

Ich hoffe, dass es auffiel, dass die Beispiele, die ich gebe, einen Zusammenhang bilden: Zum einen Jean Paul und Hölderlin, in Verbindung zu Nietzsches Gedanken, zum anderen Mörike, Novalis und Heine, die für Hesse wichtig sind. Es ist egal, wie wir dieses Jahrhundert der romantischen Dichtung betrachten, wichtig wird der Zyklus sein, der bei einer solchen Betrachtung entsteht. Wenn man den Weg des pessimistischen Biedermeiers weiterverfolgt, gelangt man nach der gescheiterten Revolution 1848 zum poetisch-realistischen Gedankengebäude, das, durch Philosophen wie Feuerbach und Schopenhauer, zur fast längsten Periode des Schrifttums des 19. Jahrhunderts aufsteigt. Mit Schopenhauer beginnt gleichzeitig die Idee Nietzsches, die Lebens- und Kulturphilosophie, die ich nach dem Realismus eines Fontane, Keller, Stifter darstellen will. Das Biedermeier verlor seinen Wert mit all seinen Elementen, und aus ihm kristallisiert sich die neue poetische Idee: Die Kopplung der Poesie mit dem Realismus. Man erlebt einen Rückschritt des Irrationalen, da er mit rationalen Faktoren, sicher wegen der industriellen Zeit, vereint wurde.

Poesie und Realistik

Der Realismus ist wohl sicher, wie schon erwähnt, die stärkste und ausgedehnteste Epoche der Schriftstellerei bis dato und wird auch an manchen Punkten in unsere Zeit hineinreichen. Wie wir schon wissen, spielte das enttäuschte Kleinbürgertum eine gewichtige Rolle, sowie der Pessimismus und die Kunsttheorie des Biedermeiers und der Romantik. Wichtig als tragende Vordenker dieser Zeit sind wohl Feuerbach und der schon genannte Gegenidealist Schopenhauer. Den Schriftstellern und Romanciers war das klassische Ideal ein Bildungswert in sich, den sie bewahren wollten. Sie wollten Wirklichkeit in ihren Bildungsromanen und Novellen darstellen, doch die Einfachheit dieser Darstellung genügte nicht; sie benutzten die Poesie als Überbau, als schöpferisches Element. Als Orientierung dienten die Werke Goethes, aber auch Dramen und Gedichte der gesamten klassisch-romantischen Ära. Zu Themen der neuen Werke wurde das Historische und das Regionale: der Historismus und der Regionalismus.
Ähnlich wie im Biedermeier, mied der Künstler die Probleme der Gesellschaft und wendete sich einem kleineren Bereich, einem lokalen zu. Die Heimat wurde wichtig, mit ihrer Landschaft, ihren Menschen, wie man am Beispiel des „Schimmelreiters" Theodor Storms erkennen kann. Manchmal aber verwendeten Schriftsteller auch das Gegenstück dieser regionalen Stimmung, sie gingen mit

ihren Schriftstücken in die Vergangenheit zurück, so zum Beispiel bei Conrad Ferdinand Meyer in seinem „Amulett", der hier die Bartholomäusnacht neu aufleben lässt.

Das Zentrum der Novellen und Bildungsromane, Dramen und lyrischen Werke bildet weiterhin der einzelne Mensch, das Individuum. Den krassen Gegensatz dieser Stilisierung verköpert die Außenwelt, die industrialisierte, materialisierte, verflachte, die sich in Menschenmassen, Verstädterung und Fabriken widerspiegelt. Als neues Element erlebt die Schriftstellerei den Humor eines Wilhelm Busch, eines Raabe, die Milde und Bitterkeit in den Werken Kellers, Hebbels und Stifters. Der Humor, so wie er damals eingesetzt wurde, sollte über die negative Wirklichkeit hinweghelfen, trösten und ein ironisierendes Element in diese Wirklichkeit tragen. An manchen Stellen der Epoche des Realistisch-Poetischen finden sich allerdings auch schärfere Punkte der Kritik, so zum Beispiel bei Fontane. Diese Kritik, wie ich sie nennen möchte, geht aber niemals zu weit, sie bleibt bestehen, ähnlich wie die Verflachung und Materialisierung.

Gedanklich dürfen nie die Verbindungspunkte der einzelnen Strömungen außer Acht gelassen werden. Ein Goethe, der Klassizismus mit Romantik verband, ist ähnlich wichtig wie ein Stifter, der Biedermeier und Realistik verknüpfte. Aber es gibt noch mehr von ihnen, Eckpfeiler der Literaturgeschichte, die im Folgenden relevant sein werden. Thomas Mann zum Beispiel verknüpfte den Realismus mit der Strömung, die ich Neuromantik nennen möchte. Ebenfalls einen Mittler stellt Kafka dar, der Neuromantik und Expressionismus miteinander verband. Auch zählt Tolstoi zu den „Brückenschriftstellern": Er war zum Teil naturalistisch, realistisch veranlagt, zum anderen romantisch wie Hesse und die schon genannten Romanciers, Dichter und Denker. Eines darf aber nicht vergessen werden: Der Begriff des Realistischen geht auf Jules Champfleurys Aufsatzsammlung „Le réalisme" zurück. Das Realistische, wie ich es zeigen will, ist nur ein Teilgebiet dessen, was Realismus zu heißen vermag. Es gibt neben der poetischen Dichtung einen Vorläufer, der sich vorwiegend in Russland und Frankreich widerspiegelte, man kann ihn als symbolisches Element, als symbolischen Realismus bezeichnen. Unter seinen Namen fallen Schriftsteller wie Tolstoi, Dostojewski aber auch Maupassant, Stendhal und Balzac. Die Poesie im realistischen Denken findet man vorwiegend in Deutschland, in einem ausklingenden romantischen Ideal, das in seiner Form über den bürgerlichen Realismus eines Thomas Mann zum kritischen Döblins, Heinrich Manns und Arnold Zweigs reicht. Hieran, an den letztgenannten Namen, kann man schon die Entwicklung des Realismus, die Tatsache, dass er durch die Epochen hindurchsticht, erkennen; denn Heinrich Mann ist ja ein Schriftsteller, der mit seinem „Untertan" und einem „Professor Unrat" in der Weimarer Republik sein Werk präsentieren wird.

Schwer fällt es den Theoretikern, den Realismus vom naturalistischen Denken zu trennen, da beide versuchen, die Wirklichkeit zu offenbaren. Beide Richtungen verbindet Detailgenauigkeit, wobei das Naturalistische noch genauer an die reelle, materielle Welt herankommt. Mit der Formel: Kunst = Natur - x, mit Zola und Comte als Vordenkern, mit Ibsen und Hauptmann als dramatischen Vollführern, mit der Einführung der getreuen Sprache, kann man erkennen, dass Naturalismus, zwar nicht weit, aber dennoch entfernt zum realistischen Nachmärz-Denken ist.

Die Benutzung der Individualität, des Einzelwesens in den Büchern der poetischen Realisten, verdankt der Leser hauptsächlich der Idee Ludwig Feuerbachs, der in seiner Weltanschauung, seinem Denken, den Menschen zum allgemeinen, besten, höchsten Ding der Philosophie erhebt. Schauen wir uns doch genauer an, was ein Schriftsteller der Epoche, einer der größten dieser Zeit, zur Idee des Realistischen in Verbindung zum Poetischen zu sagen vermag. Was versteht Theodor Fontane unter Realismus? „Vor allen Dingen verstehen wir nicht darunter das nackte Wiedergeben des täglichen Lebens, am wenigsten seines Elends und seiner Schattenseiten."

Hieraus wird klar, was der Gegensatz zur Nacktheit ist: Es ist die Poesie. Auch kann man bereits an dieser Erläuterung verstehen, warum man den Humor verwendete. Das Motto, das für Fontane am wirkungsvollsten zu sein schien, ist eine Idee Goethes, ein Zuruf, wie er schreibt. „Greif nur hinein ins volle Menschenleben, wo du es packst, da ist's interessant ..." Die Idee Goethes soll aber mit künstlerischen Ideen zusammengehalten werden, denn der Realismus ist laut Fontane: „Eine Widerspiegelung des wirklichen Lebens, aller wahren Kräfte und Interessen im Elemente der Kunst!" Die romantische Entwicklung bekommt somit einen neuen Einfall, eine Idee: Die Wirklichkeit, die aber nicht Rationales, sondern Wahrhaftiges einschließt. Der Realist sieht auf die Romantik, auf einen „Faust", auf einen friedvollen „Ofterdingen", auf all das zurück, und begreift, dass Romantik wichtig ist. Er erkennt die Grundzüge der Dichtung und die Relevanz, die die Romantik erstellte. Er sieht alles im Wirklichen und will daraus eine Wahrheit bilden; den Willen zu dieser Unternehmung übernahm man aus dem Willen Schopenhauers, seiner „Welt als Wille und Vorstellung". Um dem Willen der Zeit näher zu kommen, führe ich einen Aphorismus Schopenhauers an: „Der Wille ist der gemeinsame Stoff aller Wesen, das durchgängige Element der Dinge: Wir haben ihn sonach mit allen und jedem Menschen, ja mit Tieren und sogar noch weiter abwärts gemein. In ihm als solchem sind wir sonach jedem gleich, sofern alles und jedes von Willen erfüllt ist und davon strotzt. Dagegen ist das, was Wesen über Wesen, Mensch über Mensch erhebt, die Erkenntnis. Deshalb sollen unsere Äußerungen so viel als möglich auf sie beschränken, und nur sie sollte hervortreten. Denn der Wille als das durchaus Gemeinsame ist eben auch das Gemeine. Demgemäß ist jedes heftige Hervortreten desselben gemein, d. h. es setzt uns herab zu einem bloßen Beispiel und Exemplare der Gattung, denn wir zeigen alsdann eben nur den Charakter derselben. Gemein daher ist aller Zorn, unbändige Freude, aller Hass, alle Furcht, kurz: jeder Affekt, d. h. jede Bewegung des Willens, wann sie so stark überwiegt und den Menschen als wollendes denn als erkennendes Wesen erscheinen lässt."

Dies Beispiel soll nicht nur einen philosophischen Einblick in den Willen geben, den die Realisten ausstrahlten, er wird auch für Nietzsche wichtig sein, da dieser mit seiner Lebensphilosophie auf die Schopenhauers zurückgreift. Die Welt als Wille und Vorstellung wird bei Nietzsche zum Willen zur Macht.

Zurück zu Feuerbach: Seine Hauptidee kann auch Gültigkeit in

Bezug auf Nietzsche haben. Wollte er nicht den Pantheismus gegen den Atheismus tauschen! Wollte Feuerbach nicht eine Transformation der Schellingschen, Spinozischen, Hegelschen romantisch idealen Idee? Dies ist der erste Scheidepunkt, an der Romantik zu Neuromantik transzendiert. Die Idee Feuerbachs, der Atheismus, ist eine vordergründige Grundfeste in Nietzsches Denken, in seinem Nietzscheanismus, die als tragende Säule das führt, was ein Germanist gemeinhin unter Jugendstil, Symbolismus, Impressionismus, aber auch im folgenden Expressionismus nennen kann.

In diesem Kapitel will ich ebenfalls Werke präsentieren, die zwei Dinge zeigen können: zum einen die Verbindung, die zwischen Romantik, Ästhetik und Realismus besteht, zum andern die Weiterlebung der Ästhetik im Realismus.

Meyer und Storm sollen als Beispiele dienen. An dem Gedicht Theodor Storms kann man schon am Titel ersehen, dass die Zeit der Märchen nicht in Vergessenheit geraten ist. „Märchen" ist auch gleichzeitig der Titel dieses lyrischen Werkes. Bei dem Werk Conrad Ferdinand Meyers erhält man einen Einblick in die Welt des Michelangelo, in die Welt eines Ästheten, eines romantischen Genies. Beginnen möchte ich mit Storms „Märchen", das sicher bürgerliche, aber vor allen Dingen romantische Züge und Versmaße ziert.

Märchen

Ich hab's gesehn und will's getreu berichten:
Beklagt euch nicht, wenn ich zu wenig sah!
Nur Sommernachts passieren die Geschichten;
Kaum graut die Nacht so rückt der Morgen nah,
Kaum daß den Wald die ersten Strahlen lichten,
Entflieht mit ihrem Hof Titania;
Auf Weg und Steg spazieren die Philister,
Das wohlbekannte leidige Register.

Kein Zauber wächst für fromme Bürgersleute,

Die tags nur wissen, wie die Glocke geht.
Die gründlich kennen gestern, morgen, heute,
Doch die Zeit nicht mittendrin besteht;
Ich aber hörte wohl das Waldgeläute,
Ein Sonntagskind ist immer der Poet;
So laßt euch denn im blanken Liederringen
Von Reim zu Reim ins Land der Märchen schwingen.

Das zweite Werk, das der Feder des Balladendichters C. F. Meyer entstammt, will ich nun genau betrachten, denn „Michelangelo" ist ein wichtiger Punkt der künstlerisch-romantischen Entwicklung. In diesem Gedicht erfährt man Romantik durch Romantik.

Michelangelo und seine Statuen

Du öffnest, Sklave, deinen Mund,
Doch stöhnst du nicht. Die Lippe schweigt.
Nicht drückt, gedankenvoller dich
die Bürde der behelmten Stirn.
Du packst mit nerv'ger Hand den Bart,
Doch springst du, Moses, nicht empor.
Maria mit dem toten Sohn,
Du weinst, doch rinnt die Träne nicht.
Ihr stellt des Leids Gebärde dar,
Ihr meine Kinder, ohne Leid!
So sieht der freigewordene Geist
Des Lebens überwundne Qual,
Was martert die lebend'ge Brust,
Beseligt und ergötzt im Stein.
Den Augenblick verewigt ihr,
Und sterbt ihr, sterbt ihr ohne Tod.
Im Schilfe wartet Charon mein,
Der pfeifend sich die Zeit vertreibt.

Sieht man hier nicht die Ästhetik mit der des poetischen Realismus verknüpft! Die schöne, gehaltvolle Beschreibung des Poetischen über Poetisches, ist ein Höhepunkt der „nachfahrenden Romantik", wie ich sie nennen mag. Die Brücke vom Romantischen zum Neuromantischen wird jetzt immer leichter zu überqueren sein, doch bevor wir dies tun, sind noch drei Schritte nötig: die Betrachtung der Tiefenpsychologie, der Analyse Freuds und Jungs, sowie mit Nietzsche ein Kapitel, das mir sehr am Herzen liegt. Der Naturalismus muss aber übergangen werden, obwohl ich schon viele Gesichtspunkte dessen in diesem Kapitel erklärt habe. Ich werde dieses Kapitel nicht unbedingt wie die vorherigen ausformulieren, da der Naturalismus ein Stiefkind der Romantik ist; er gehört nicht in die Tendenz hinein, die ich aufzeigen will. Er ist mir zu einfach gewebt, auch wenn es interessant ist, sich mit der Soziologie Comtes, dem Positivismus, sowie dem nachfahrenden Utilitarismus Mills zu beschäftigen. Aber dies kann nicht für den Zyklus sprechen, er bricht hinaus aus dem Romantischen. Für mich stellt er lediglich eine Nachahmung des Vormärzes dar, der durch die späte Industrialisierung, in den letzten Regierungsjahren Bismarcks, sowie dem Übergang zum Wilhelminischen Kaiserreich erklärbar ist. Nun komme ich zu dem Kapitel, das mir persönlich sehr am Herzen liegt: Nietzsche.

Nietzsche: Der, der mit dem Hammer philosophiert

Eröffnen will ich dieses Kapitel des Poeten, Mystikers, Religionsgenies mit einem Gedicht Stefan Georges, das den Zusammenhang der Neuromantik mit der Philosophie Nietzsches näherbringen kann. Es kann zeigen, wie die Neuromantiker, nicht nur George, sondern auch Rilke, Hesse, Zweig, Thomas Mann usf. den „Saft" des „Zarathustra" aussaugten und sich formen ließen von dem Umfang seiner Theorien, wie sie sich von Dionysos und Apollo geleitet fühlten. Einen Zusammenhang, einen Querverweis zu Nietzsche findet man in allen Werken der Neuromantik, so zum Beispiel in Hesses „Zarathustras Wiederkehr" oder im „Doktor Faustus" Thomas Manns. Das Gedicht, auf welches ich verweisen

will, ist ebenso magisch wie Nietzsches Werke, es lässt sich führen
vom Leben des phantastischen Schreibers:

Nietzsche

Schwergelbe Wolken ziehen überm Hügel
Und kühle Stürme – halb des Herbstes boten
Halb frühen Frühling ... Also diese Mauer
Umschloss den Donnerer – ihn der einzig war
Von tausenden aus Rauch und Staub um ihn?
Hier sandte er auf flaches Mittelland
Und tote Stadt die letzten stumpfen Blitze
Und ging aus langer Nacht zur längsten Nacht

Blöd trabt die Menge drunten – scheucht sie nicht
Was wäre stich der Qualle schnitt dein Kraut!
Noch eine Weile wallte fromme Stille
Und das Getier das ihn mit Lob befleckt
Und sich im Niederdunste weiter mästet
Der ihn erwürgen half sei erst verendet!
Dann aber stehst du strahlend vor den Zeiten
Wie andre Führer mit der blutigen Krone.

Erlöser du! Selbst der Unseligste –
Beladen mit der Wucht von welchen Losen
Hast du der Sehnsucht Land nie lächeln sehn?
Erschufst du Götter nur um sie zu stürzen
Nie einer Rast und eines Bauers froh?
Du hast das Nächste in dir selbst getötet
Um neu begehrend ihm dann nachzuzittern
Und aufschreien im Schmerz der Einsamkeit

Der kam zu spät der flehend zu dir sagte:
Dort ist kein Weg mehr über eisge Felsen
Und Horste grauser Vögel – nun ist Not:
Sich bannen in den Kreis den Liebe schließt ...

Und wenn die strenge und gequälte Stimme
Dann dir ein Loblied tönt in blaue Nacht
Und helle Flut – so klagt: Sie hätte singen
Nicht reden sollen diese neue Seele!

Dies Gedicht zeigt Nietzsches Leben, seine Einsamkeit, seine
Genialität, seine Umnachtung. George trifft den Kern des Lebens des
einzigen und großartigen Denkers. Dessen Ideen sind Schlüssel zu
neuerer Psychologie, zu den Werken Freuds, Jungs, aber auch
Klages. Das Denken, das reicht von Sklavenmoral zum
Herrenmenschen, bereitet zudem der Existenzphilosophie und dem
Existenzialismus neue Wege. Camus, Sartre, Jaspers und Heidegger
stiegen neben den Ideen Kierkegaards und Pascals in die Stapfen des
unvollendeten Gedankengebäudes, das sich mit der Wiederkunft des
Gleichen öffnet, aber ebenfalls vielleicht schließen lässt. Auch
Foucault und Derrida ließen sich von der Tiefenpsychologie
beeinflussen. Aber von was, wenn sich so viele intelligente Dichter
und Denker von ihm leiten ließen, wurde er beeinflusst? Große
Namen fallen unter seine Idee: Sokrates, da Vinci, Michelangelo,
Goethe, Shakespeare, aber auch Krieger wie Napoleon und Caesar.
Leider muss man sagen, dass Nietzsches Ideen vom Übermenschen,
von dem noch die Rede sein wird, missbräuchlich vom
nationalsozialistischen Regime Hitlers behandelt wurden, obwohl
man in vielen Werken Kritik am Antisemitismus sowie am
nationalen Denken findet. Bei einer Betrachtung seines
Gedankengebäudes geht man am besten zunächst auf sein Leben ein,
da es das Grundgerüst seines Denkens darstellt: Nietzsche erblickte
das Licht der Welt am 15. Oktober 1844 in Rücken bei Lützen.
Schon früh musste er auf väterliche Erziehung verzichten, da sein
Vater, ein lutherischer Pfarrer, in Nietzsches fünftem Lebensjahr
verstarb. Erzogen wurde der wohl einsamste Mensch von seiner
Mutter, seiner Großmutter und seinen beiden Tanten. Erwähnenswert
wird auch seine Schwester Elisabeth sein, die sein Werk später
verfälschte und unter dem Namen „Der Wille zur Macht" herausgab.
Schon im Alter von zehn Jahren fing er mit dem Schreiben von
Gedichten und dem Musizieren an. Laut Lou Andreas- Salomé

finden sich in diesem Lebensstadium Nietzsches erste Anzeichen der Ablehnung Gottes. Nietzsche besucht ebenfalls, wie Fichte, die hochangesehene Pforta, eine Schule für Hochbegabte, danach wendete er sich in Bonn und später dann in Leipzig dem Studium der klassischen Philologie sowie der Theologie zu. Durch seinen Leipziger Professor und Freund Ritschl erhielt er eine außerordentliche Professur an der Universität Basel, die er im Alter von 24 Jahren mit der Rede über „Homer und die klassische Philologie" antrat. 1868 fand die für ihn denkwürdige Begegnung mit Richard Wagner statt. Wagner stellte mit seiner Kunsttheorie, neben den dionysischen Versen Hölderlins und dem Pessimismus Schopenhauers die wichtigsten Grundideen für Nietzsches Erstlingswerk „Die Geburt der Tragödie aus dem Geiste der Musik". Nachdem er weitere wichtige Werke, wie zum Beispiel: „Die unzeitgemäßen Betrachtungen" und das Werk „Menschliches, Allzumenschliches" veröffentlicht hatte, zwang ihn eine Krankheit zum Rücktritt von seiner Professur. Erst Anzeichen wie Kopfschmerzen und ein starkes Augenleiden machten ihm zum freien Philosophen, unabhängig von seiner Position als nunmehr ordentlicher Professor (1879). Zehn Jahre lang lebte er somit an Orten wie Rapallo, Genua, Nizza und Venedig. 1889 verstärkte sich seine Krankheit zunehmend: Nietzsche bekam ähnliche Zustände wie ein paranoid Schizophrener, Wahnvorstellungen, er fiel danach bis zu seinem Tod 1900 in Weimar in geistige Umnachtung. Einblicke in seine Wahnvorstellungen erlebt man vor allen Dingen in „Ecce Homo", seiner Selbstbiographie. Krankhafte Züge seines Wesens sind auch in der vierbändigen, mystischen und hellseherischen Fassung des schon erwähnten „Zarathustra", seinem Hauptwerk, zu erkennen. Laut seiner Gefährtin Lou Andreas-Salomé, die ein wichtiges Buch über sein Leben und seine Vollbringungen schrieb, ist dieser der Versuch einer Selbstsynthese des eigenen Ichs. Nietzsche bestand für sie aus Sklavenmensch und Herrennatur; die Synthese bestand darin, aus beiden Figuren seiner Seele eine Verschmelzung zu erreichen: den Übermenschen. Zarathustra, der Prophet der Anti-Metaphysik, fordert die Umwertung aller Werte; er formuliert die Philosophie Nietzsches in dem Motto „Gott ist tot!", da dieser in der Philosophie des Christentums eine Sklavenmoral entdeckte. Mit Hilfe des Nihilismus, wie auch ich ihn gebrauche, jedoch in anderer Form, wollte Nietzsche eine Zwischenphase, ein überwindendes Wertesystem schaffen, das den herkömmlichen Menschen zum Herrenmenschen im Sinne eines Cesare Borgia macht. Dieser sollte, ähnlich wie in Machiavellis „Fürst" beschrieben, autonom, individuell und hedonistisch sein. Ein Mensch sollte der Übermensch sein, der seine Ethik selbst setzt, der in erster Ordnung die Selbstbeherrschung als oberstes Glied, als voraussetzendes Element für Schöpferisches und Kreatives darstellt.

In seinen Aphorismen und Gedichten, in denen er auch geschickt mit der Evolutionstheorie Darwins spielt, fordert er das, was die Philosophie zur Mythologie machte. Dies Buch ist wohl das bedeutendste für die Expressionisten und Neuromantiker gewesen, da es neue Erkenntnisse in die Kunst trägt, zwar wird der Pantheismus, ebenso wie bei Feuerbach, verworfen, doch die Mythologie überragt hier zum ersten Mal die Metaphysik und bildet einen neuen Weg der Existenzbetrachtung. Nietzsche ist, wie ich schon schrieb, ein romantisches Genie, da er auf das schöpferische Ich setzt. Selbst wenn er den Pantheismus Goethes „nicht gebraucht", wird er als oberster Romantiker für mich gelten.

Eigentlich darf man dies nicht so darstellen!

Wenn man den „Zarathustra" genau ins Auge fasst, wird einem auffallen, dass Gott zwar an letzter Stelle steht, die Natur aber als ranghöchstes Glied. Nietzsche fordert hier einen Menschen, der als oberstes Individuum, als gottähnlich gilt. Einen Menschen, bei dem Gott durch einen heroischen Akt des Willens, durch den Willen zur Wahrheit, in der Seele wohnt. Der Denker formt aus der Romantik einen Wendepunkt, eine Wiederkunft, die er mit den Werken seiner letzten Schaffensphase einleitet („Jenseits von Gut und Böse", „Zarathustra", „Götzendämmerung"). Diese Phase ist mir selbst die liebste, da er mir hier am deutlichsten zu sagen vermag, was Ästhetik und Irrationalität bedeuten: Wenn Gott in der Seele des Menschen wohnt, ist das auch ein eingeschränkter Pantheismus, da wir alle Teil der Schöpfung, Teil der Schellingschen und Goetheschen Idee sind.

Dies ist die Steigerung: der Panentheismus. Interessant ist es, wie Nietzsche die Zukunft, die er ja selbst nicht wahrnehmen konnte, formte. In ihm muss man die Wendung von Romantik zu Romantik erkennen. Man muss in ihm den Former und Kreator, die Idee des Ästhetischen als romantisches Gut sehen. Er verband in seinen Werken alle romantischen Grundzüge von Homer über Platon, Goethe bis hin zu Darwin. Er verstand es auf die Systematisierung der Romantik einzugehen und aus ihr eine Philosophie der Zukunft zu formen, die auch für meine Zwecke wichtig sein wird. Doch bevor ich Beispiele der Magie gebe, will ich selbst ein Gedicht meiner Idee Nietzsches preisgeben, denn er ist und bleibt trotz seines Wahnsinns, seiner Manie, Schizophrenie ein hochintelligenter Mensch, ein Streber zu höheren Geschicken.

Ein guter Dichter bin ich nicht; ich weiß nicht, ob ich ihm so gerecht werden kann, wie es George wurde, doch ich will es versuchen:

<u>An Nietzsche</u>

Ich, der ich einst verloren
schwebte zwischen Welten,
zu suchen das Unergründete,
fand ich Dich.
Du Meister, Genius.
Suchte ich nach Antworten,
lauschte ich Deinem Propheten
    Zarathustra.
Du Erschaffer, Du Gebärer, Du Weiser
Ich fühle wie Du:
Einsamkeit
Dekadenz
Übermensch
sind auch mir Begriff.
Lebe auf Deinem Steine,
von dem Du die Blitze
auf Gott warfst,

auf Dich selbst,
auf mich;
doch ich fand die Weisung,
Sie sagte mir
Erhaltung, Bewahrung,
sind Worte des Zyklus.
Du selbst bist die Wiederkunft des Gleichen!
Fand ich doch mich gestählt
durch Dein Werk,
weiß ich nun, ich will dasselbe,
Nihilismus, Genie, Ästhetik
Kämpfe ich doch auch für den Zyklus.

Erhalte, auf Deinem Steine, den Glauben an uns!

Nietzsches Ideen gehen im Tatsächlichen weiter als ich sie aufzeigte. Der Nietzscheanismus geht letztendlich, so viel weiß ich, auch zu mir, einem Romantiker, der Paradoxien ziehen will, Endliches zu Unendlichem machen kann, wenn der Glaube dazu besteht. Die dritte Wendung der epochalen Änderung, wie ich sie nennen mag, kann bei mir liegen, einem reromantischen Denker. Vorausschauend möchte ich dazu sagen, dass, wenn ich synthetisch denke und die Strömungen vereinige, ich nicht Gegensätze zueinander bringe, wie zum Beispiel Gut und Böse oder Rational und Irrational, sondern Gut und Gut oder Irrational und Irrational sollen geschmiedet werden. Dabei will ich mich an die Vordenker der ersten Romantik, an Schelling und Fichte halten und sie mit dem Mann verknüpfen, der die Wiederkunft des Gleichen darstellt. Wenn ich Gut und Gut verknüpfe, will ich aber nicht eine Synthese wählen, wie sie Hegel mit seiner Dialektik gewählt hätte, nein, dies muss rein assoziativ geschehen. Die Assoziation stellt für mich das höchste Mittel der romantischen Philosophie dar, da es ein irrealer Gegenstand sein muss, mit dem ich den Homo Romantikus bauen will. Dieser muss ein Genie sein, der selbst, ähnlich wie der Zarathustra es tut, die Welt auf seinem Standpunkt erklärt. In ihm müssen alle guten, irrationalen Ideale festgehalten sein; er muss ein Künstler par excellence sein, ein Ideal-Ideal, das das Tor zum Magischen öffnet. Die Assoziation wird gebraucht, da sie eine Idee ist, die mit der Tiefenpsychologie, der Archetypenlehre Jungs, also auf romantischen Gedankengebäuden entstanden ist. Nun, nachdem ich dies kundgetan habe, will ich kurze Beispiele der magischen Dichtkunst Nietzsches wählen, die die Verbindung vom Nietzscheanischen zur Neuromantik, zum surrealen „Steppenwolf" Hesses zeigen kann. Mit den Beispielen spiele ich auf Ausschnitte der „Dionysos-Dithyramben" an, die für Hesse der Grund waren, die Gespaltenheit Harry Hallers in Form eines Wolfes darzustellen.

**Aus dem Umkreis der
Dionysos-Dithyramben**

22.

Ein Wolf selbst zeugte für mich
und sprach: „Du heulst besser noch als wir Wölfe!"

13.

Nicht, daß du Götzen umwarfst:
daß du den Götzendiener in *dir* umwarfst,
das war dein Mut.

103.

Der Dichter, der lügen kann
wissentlich, willentlich,
der kann allein Wahrheit reden.

Um dies Kapitel abzuschließen, will ich den nächsten Seiten ein neues Motto geben und jenes soll von Hesse stammen:

Der romantische Geist ist für uns keineswegs eine historisch-gelehrte Angelegenheit, sondern eine höchst aktuelle, denn dort, in der Romantik, sehen wir den letzten großen Aufschwung des deutschen Geistes vor der Zeit der Materialisierung und Verflachung.

Ist dies nicht eine Bestätigung dessen, was ich aufzeigen will?

Der Jugendstil, der Impressionismus und Surrealismus stellen Teile der Neuromantik dar. Beispiele für diese Strömungen sind der „Demian" Hesses, ebenso die „Schachnovelle" Stefan Zweigs, der Bewusstseinsstrom Joyces und Döblins nötigen mich zur Erläuterung des nächsten Kapitels. Zur Psychoanalyse Freuds und Jungs, ohne die diese Werke nicht hätten entstehen können und nicht verstehbar wären.

Psychoanalyse, Freud und Jung

Beginnen will ich bei Freud, dem Arzt und Psychologen, der die Psychoanalyse ins Leben rief. Seine Theorien zum Ich, Es und Überich treffen den Kern der Philosophie des beginnenden Jahrhunderts, das in katastrophalen Zügen durch die beiden Weltkriege die einheitliche romantische Idee der Ästhetik verwerfen wird. Seine Ideen der Analyse prägten die Wiener Schule sowie den Schüler Carl Gustav Jung, der mit seinen Methoden der Psychoanalyse Hesse bei Schriften wie dem „Demian" nachhaltig beeinflussen wird. Vor allem geht es bei Freuds psychologisch-philosophischer Lehre um die Aufdeckung des Unbewussten. Das Unbewusste selbst muss als ein Ding angesehen werden, in dem sich alles vereint: Ängste, dunkle Triebe, Träume, das Verhalten selbst und die Begehrlichkeiten. Die Idee des Unterbewussten ist eine, die schon vor Freud zum Beispiel bei Schopenhauer und Nietzsche anzutreffen ist. Seine Leistung jedoch liegt in der Durchleuchtung und Erforschung der Tiefen des Seelenlebens. Ein Modell erklärt Freuds Gedanken zu Aufbau und Teilung der Psyche: Für Freud bestand die Psyche aus Unbewusstem, Vorbewusstem und

Bewusstem, aus denen sich das menschliche Ich formt. Neben dem Ich, der Identität des Einzelnen, gibt es in seiner Auffassung das Es, das besteht aus Trieben und Bedürfnissen. Über diesen Faktoren ist das mächtige Überich anzusiedeln, das sich aus den Erwartungshaltungen des Umfelds, der Familie und Gesellschaft zusammenfügt. Zwischen diesen drei Teilen der Psyche findet nun eine Art Konkurrenz des Verdrängens statt, die nach einem bestimmten Schema funktioniert. Dies Schema, das immer den gleichen Regeln folgt, wird vom Besitzer der Seele, vom Menschen, kaum durchschaut und erkannt. Wenn nun einer meint, Fehler seines „Seelenregelwerks" zu finden, so ist und war dies ein Grund, für den Betreffenden, die Analyse der Freudschen Schule zu wählen. Aber dies Modell, das schon seit mehr als einem Jahrhundert zu den aktuellsten Ideen des Seelenaufbaus zählt, das immer weiterentwickelt wurde, ist nicht die alleinige Leistung; wichtig in Bezug zur neuromantischen Strömung ist nicht nur der tiefenpsychologisch analytische Schritt, nein, auch im „Demian" finden sich Traumdeutungen Freuds. Das Realitätsprinzip und die triebhaften sexuellen Kindheitserfahrungen, die Freud in seine Theorien einwebte, sind ebenfalls Mittel der romantischen Strömung. Erkennbar, was Sigmund Freud und die Psychoanalyse für die Philosophie, die Kunst und die Literatur, die auch in diesem Bereich unter die philosophischen Züge fällt, bedeuten, wird ersichtlich durch seinen 80. Geburtstag. An diesem Tage im Jahre 1936 dankten ihm 197 anerkannte Künstler und Schriftsteller für seine Forschung und seine Lehre, die gedanklich zu den Grundfesten der modernen abendländischen Kultur gehört. Einer dieser Gratulanten war zum Beispiel Pablo Picasso, in dessen Kunstwerken gleichfalls analytische Motive auftreten, die bei der Interpretation ersichtlich werden. Intensiven Kontakt pflegte Freud lediglich zu einem engen Kreis von Romanciers. Dieser bestand aus den Schriftstellern Thomas Mann, Arthur Schnitzler und dem mehrfach erwähnten Stefan Zweig. Diese drei vereinten vielleicht am genauesten Analytisches, so zum Beispiel bei dem psychologischen Verfalle der „Familie Buddenbrook", die vom Reichtum und gutem, angesehenem Leben in die Tiefe des Nichts stürzt. Im damaligen

Wien, der Hauptstadt der analytischen Schule, arbeitete Freud viele lange Jahre, bis er nach London ins Exil wechselte. Angefangen 1895, als der Aufsatz „Entwurf einer Psychologie" erschien, folgten 47 Jahre, in denen er arbeitete, analysierte, diskutierte und schrieb. Dieser Aufsatz ist sogleich der Eingang der Analyse für Kenner; aufmerksam auf Freud wurde man aber erst 1900, als er seine „Traumdeutungen" offenlegte. Thomas Mann, der selbst von Nietzsche lernte und ihn zu verstehen suchte, fand in Freud einen zweiten Kenner der Tiefenpsychologie Nietzsches und Schopenhauers. Mancher Analytiker glaubte sogar, dass Freud den Begriff des Es von Nietzsche übernommen hätte. Freuds Dualismus hingegen ähnelt dem Genieaufbau Nietzsches: dem apollinisch-dionysischen System der „Geburt der Tragödie aus dem Geiste der Musik". Dies liegt wohl daran, dass Freud in seiner Studienzeit über den Komplex, wie ich ihn nennen mag, also über Wagner, Schopenhauer und Nietzsche diskutierte. Aus jenen Punkten ersieht man die Verbindung der Kunsttheorie der Romantik, die ohnehin schon psychologisch zu verstehen ist, mit der der Analyse, was einen neuen Zweig der Ideen entstehen lässt. Die Verbindung des Komplexes, also Schopenhauer als Gegenidealist, Nietzsche als Kulturphilosoph und Freud als Aufdecker des Unbewussten, ließen die Neuromantik entstehen. Dies war eine neue Ästhetik, der sich Schriftsteller gerne annahmen. Auch im späteren Verlauf der Geschichte wird die Analyse bedeutsam. In der Frankfurter Schule, dem Zentrum deutsch-jüdischer Philosophie, arbeiteten der Soziophilosph Adorno, der marxistisch angehauchte Marcuse sowie Fromm und der vom Institut unterstützte Ästhet Walter Benjamin, die in ihrer kritischen Theorie Formen der Analyse mit der Lehre Marx zu verbinden suchten. Die kritischen Denker, vor allen Dingen Marcuse, sind wichtig für eine letzte Windung der romantischen Idee: der Flower-Power-Romantik mit ihren Studentenbewegungen und Friedensappellen gegen den Vietnamkrieg.

Die Romantik geht so weit und rückt in die Geschichte vor wie keine andere Idee. Sie schließt durch Nietzsche und Kierkegaard die Existenzphilosophie und den Existenzialismus mit ein, die Schriften Camus' und Sartres, sowie die Romane „Stiller", „Homo Faber" und

„Montauk" von Max Frisch. Ich selbst sehe gerne die Ausläufer Nietzsches, mit denen die Wendung eingeleitet wurde, als abschließenden Rahmen des Irrationalen. Hesse zuliebe, dem ich später ein eigenes Kapitel als nachfahrendem Romantiker widmen werde, will ich mich nun C. G. Jung zuwenden, der mit seiner Archetypenlehre die Tiefenpsychologie ausbaute. Doch bevor ich dies tue, muss noch eins gesagt werden: Jung wurde vom Wiener Kreise ausgebootet, da die Freudianer, auf Freuds Theorie gestützt, meinten, nur wer an die Psychosexualität, an das Unbewusste und an ödipale Komplexe glaube, sei ein richtiger Analytiker; und das tat Jung bloß teilweise, denn er verstand es nicht, alles auf Triebe zurückführen zu müssen! Jung baute aber trotzdem die Arbeit Freuds aus und gründete zudem die analytische Schule der Psychologie, die durch ihre Tiefenpsychologie bekannt wurde. Auf dem Gebiet der analytischen Arbeit Freuds sah er geistige und gefühlsbetonte Störungen als Mittel der Ganzheit, die erlangt wird durch Persönliches und Psychisches. Carl Gustav Jung, der ein breites Hintergrundwissen in den Fächern Zoologie, Biologie, Paläontologie sowie Archäologie pflegte, begann mit seinen Arbeiten über die Komplexe, also über die Verbindung von Assoziationen zu Reizwörtern. Diese Untersuchung verband ihn noch eng mit Freud. Erst 1916, mit der Veröffentlichung „Über die Psychologie des Unbewussten", erklärte er mit seinen Anschauungen, wie anders seine Einstellung zu Freuds Libido-Interpretation sei. In diesem Werk berief er sich auf Parallelen, die zwischen antiken Werten und psychotischen Ideen, Phantasien bestehen. Mit jener Idee und seiner Aussage verließ er die „Psychoanalytische Gesellschaft" und gründete eine Bewegung, die er „Analytische Psychologie" nannte. Über 50 Jahre hinweg arbeitete Jung konzentriert und baute seine Kenntnisse durch Reisen nach Neumexiko, Indien und Kenia aus. Seine wichtigsten Gedanken, die die Psychologie und Medizin beeinflussten, stammten vor allen Dingen aus Träumen seiner Jugend und seiner Phantasie. 1921 veröffentlichte er das Werk „Psychologische Typen", das das Verhältnis zwischen dem Bewussten und dem Unbewussten erklären sollte. Hierbei erschuf Jung die Begriffe des Intro- und Extrovertierten. Auch schuf er die

Idee des kollektiven Unbewussten, das aus sogenannten Archetypen und Urbildern zu bestehen scheint. Mit Urbildern verband Jung die Angst und das Erlebnis des Todes, er verfestigte sie mit Mythen, Märchen und Religionen. Diese Verbindung erschien Hesse wichtig, da er von ihr Ideen des Schreibens zog, die ihn zu „Narziß und Goldmund" sowie zum „Steppenwolf", dem „Demian" und „Siddhartha" brachten. Somit will ich ein paar Beispiele psychoanalytischen Schreibens aufzeigen. Der „Narziß und Goldmund", eine meisterhafte Erzählung Hesses, gibt Fragen auf, die man wohl nur durch den Mund eines Psychologen erwarten würde:

„Ernst blickte Narziß ihn an: Ich nehme dich ernst, wenn du Goldmund bist. Du bist aber nicht immer Goldmund. Ich wünsche mir nichts anderes, als dass du ganz und gar Goldmund würdest. Du bist kein Gelehrter, du bist kein Mönch – einen Gelehrten oder einen Mönch kann man aus geringerem Holz machen. Du glaubst, du seiest mir zu wenig gelehrt, zu wenig Logiker, oder zu wenig fromm. O nein, aber du bist mir zu wenig du selbst."

Dies psychologisch tiefgründige Gespräch zwischen den Hauptcharakteren des Werkes Hesses zeigt, wie man sprachliche Schönheit, Ästhetik und Kunst mit analytischem Schreiben vereinen kann. In mir selbst wirft dieser Auszug Fragen auf: Wann bin ich ich selbst?

Dies ist der Ausgangspunkt für eine philosophische und analytische Überlegung, die zu einer Grundfrage über unser eigenes Inneres führt.

Diese Fragestellung behandelt Hesse auch im drei Jahre zuvor erschienen „Steppenwolf", dessen Spaltung des eigenen Selbst, zwischen Mensch und Wolf im Traktat, einem analytischen Meisterwerke, deutlich wird:

„Es war einmal einer namens Harry, genannt der Steppenwolf. Er ging auf zwei Beinen, trug Kleider und war ein Mensch, aber eigentlich war er doch ein Steppenwolf.

.

.

.

Es mögen sich kluge Menschen darüber streiten, ob er nun wirklich ein Wolf war, ob er einmal, vielleicht schon vor seiner Geburt, aus einem Wolf in einen Menschen verzaubert worden war oder ob er als Mensch geboren aber mit der Seele eines Steppenwolfes begabt und von ihr besessen war oder aber ob dieser Glaube, dass er eigentlich ein Wolf sei, bloß eine Einbildung oder Krankheit von ihm war."

In diesen Beispielen ersieht man das, was ich anfangs zu sagen versuchte: Mit Kunst fängt die Kunst an und hört niemals auf zu wirken, denn wir gebrauchen die Magie!
Ein kleiner Hauch von Wahnsinn steckt in jeder Seele. Wahnsinn, damit meine ich kohärent gesehen die Wahrheit.
Magie, damit meine ich romantische Wahrheiten.
Wer den Wahnsinn in sich erkennt, erkennt meistens auch ein Stück Wahrheit. Da Wahnsinn und Wahrheit Brüder sind, wird die Wahrheit immer romantisch zu betrachten sein.

Hesse hielt sich wie viele an die Maßstäbe Novalis': „Wenn einer verrückt wird, so ist dies beängstigend, wenn alle verrückt werden, so ist dies Magie."

Die analytische Schule prägte und stellte klar, dass die Romantik ein System ist, welches auf Magie basiert. Hiier zählten ebenfalls die Verbindungen des geheimnisvollen Weges nach innen, die zwar nun konservativ verarbeitet wurden, doch mit Hilfe von Ich, Es und Überich neugestaltet und ausgelebt werden. An diesem Punkt muss man erneut sagen, dass Freud recht hatte: „Die Stimme des Intellekts ist leise, aber sie ruht nicht, ehe sie sich Gehör verschafft hat."
Und dies mag wohl richtig sein; es hatte damals Richtigkeit und sollte auch heute Richtigkeit haben, denn Intellekt beruht auf Erhaltung, Erfahrung, Bewahrung und Tradition.

Der Zyklus

Wenn nur noch Zahl und Figur,
Sind Schlüssel unserer Welt
Und nur noch gedacht wird an
Hab und Geld.
Wird vergessen werden, was das Märchen lehrte,
Die Fabel, der romantische Held.
Wenn Rationalität siegt, wird die
Welt nicht Traum, der Traum nicht Welt.
Dann zählt nur noch die Vernunft
ohne die reromantische Wiederkunft.

Neuromantik, der Schlüssel der Gegenwart

Im neuromantischen Streben sieht man Künstler, wie die auf den letzten Seiten angesprochenen Dichter und Literaten. Man sieht die Verbindung des Pessimismus Schopenhauers, der Kulturkritik Nietzsches und der Analyse als einleitende Faktoren zum neuen Ästhetismus, zum neuen, großartig geschmiedeten Absoluten. Dieser Schritt des Neuauflebenden steht im Gegensystem zum naturalistischen Vormärz. Unter diesem Namen – Neuromantik – sieht man den Symbolismus, den Jugendstil und den Impressionismus vereint. Die Ideen der einzelnen Ästheten, wie Rilke, Musil oder George, verfolgen zwar verschiedene philosophische Gedankengänge, sind jedoch als antinaturalistisch zusammenzufassen. Durch die schlechten Umstände der Außenwelt, die die Dichter als unmenschlich empfanden, zogen sie sich ähnlich wie die Dichter des Biedermeiers in eine heile Welt zurück, da die Wirklichkeit als oberstes Negatives, fast schon Barbarisches angesehen wurde. Das zu Ende gehende Jahrhundert ähnelte im Gefühlsbereich der Literaten einer drohenden Apokalypse. Die Dichter wollten nicht das Romantische mit dem Eingang des neuen Jahrhunderts sterben sehen. Sie kämpften, ähnlich wie ich es versuche, gegen die Dekadenz, die Nietzsche eindeutig in der

„Götzendämmerung" aufleben lässt. Alleine schon das Essay „Was den Deutschen abgeht", das eben aus diesem Buche der Hammerphilosophie entstammt, beängstigte die kleinbürgerlich intellektuelle Welt. Romantik, und all ihre Wandlungen bis dato, bedeuteten für sie Individualität, Schönheit, Ganzheit und magisch Ideales. Die Dekadenz der barbarischen Welthaltung ließ im Endeffekt nur eines zu: die konservative Weltsicht, die Auflebung des Ästhetisch-Genialen zum Kampf gegen Nietzsches Aufdeckung der Götzendämmerung. Im „Zarathustra" fanden sie die Anleitung zum individuellen, autonomen Künstlertum, zum neuromantischen, analytischen Weg. Die Kunst der Neuromantiker bestand aus dem Bestreben, den Seelenteilen in feinster Art und Weise als Stimulantia zu dienen. Es galt, Kunst zu betreiben, um der Kunst gerecht zu werden, also Kunst um der Kunst willen zu dramatisieren und zu rechtfertigen (l'art pour l'art).

Die Ausarbeitung dieses Konzeptes, das literarisch sehr interessant scheint, bestand aus psychologisch-ästhetischer Gestaltung aus Werken Thomas Manns, Wedekinds usf. Es reicht von Gedichten Georges, die sehr stark vom „Zarathustra" lebten, zum „Siddhartha" Hesses, zum bürgerlich-realistisch angehauchten Erstlingswerk Thomas Manns, den „Buddenbrooks".

Nun, da wir am Anfang eines neuen Jahrtausends stehen, stellt sich für mich die Frage, die sich den zweiten Romantikern ebenfalls stellte: Wollen wir die Tradition bestätigen, das Dekadente erörtern, den Verfalle mit der Ästhetik aufhalten?

Will man in meinem Sinne irrational sein, so muss man sich diese Frage stellen, nicht aus konservativen, sondern aus Gründen des Intellekts, der sich, langsam aber sicher, immer mehr Gehör verschaffen wird.

Leben die Bücher bald?

Muss ich nochmals fragen, um jetzt doch appellativ zu werden, denn da wir nun schon so viel über Romantik wissen, müssen wir bald nicht mehr tatenarm sein.

Ergo gebe ich noch eine Idee mehr den bestrebt ästhetischen Glauben, Tatendrang und Wissensdurst zu vereinen. Ich will nochmals auf Feuerbach zu sprechen kommen, einen

Hauptideologen der epochalen Erscheinung, denn auch er sah in der Bestimmung des Menschen den Ästheten.

„Kunst, Religion, Philosophie oder Wissenschaft sind nur Erscheinungen des wahren menschlichen Wesens. Mensch, vollkommener, wahrer Mensch ist nur, wer ästhetischen oder künstlerischen, religiösen oder sittlichen und philosophischen oder wissenschaftlichen Sinn hat ...“

Was versteht Feuerbach unter seiner Anmerkung zum Menschsein? Der Mensch soll, wie ich es ebenfalls will, Künstler werden in allen Bereichen und zeigen, dass es Sinn macht, dies zu sein, denn einzig ein Ästhet ist der Schlüssel zu einer wirkungsvollen philosophischen Zukunft. Der Künstler ist die Idee, die bei Homer beginnt und in unsere Zeit transferiert werden sollte, da sonst das Menschsein kein Menschsein sein wird, sondern rückgängig zu betrachten ist. Die Dekadenz, wie sie auch von den Neuromantikern gesehen wurde, bringt uns zu den Wurzeln der Romantik, zu Novalis zurück, da er einer der Ersten war, die bestrebt waren, Rationalität, Vernunft, alles Kantische, wie es heute wieder an der Tagesordnung steht, zur Gegenvernunft, zur blauen Blume umzukehren. Die Neuromantik bietet eine Voridee, die dasselbe Ziel verfolgt, dass ich gleichfalls anstrebe: die Tradition. Zwar sind mittlerweile schon viele Jahre vergangen und die Irrationalität nur noch in wenigen Schriftstücken zu finden, was aber nicht heißt, dass nicht von den Meistern der Vergangenheit zu lernen ist. Am Ende dieses Buches soll eine Utopie, ein Märchen stehen, das ich aus diesem Spruche abzuleiten versuche: „Ein Märchen ist wie ein Traumbild, ohne Zusammenhang. Ein Ensemble wunderbarer Dinge und Begebenheiten, zum Beispiel eine musikalische Phantasie, die harmonischen Folgen einer Äolsharfe, die Natur selbst. Wird eine Geschichte ins Märchen gebracht, so ist dies bereits eine fremde Einmischung. Eine Reihe artiger und unterhaltender Versuche, ein abwechselndes Gespräch, eine Redoute, sind Märchen. Ein höheres Märchen wird es, wenn, ohne den Geist des Märchens zu verschenken, irgendein Verstand (Zusammenhang, Bedeutung etc.) hineingebracht wird.

„Sogar nützlich könnte vielleicht ein Märchen werden.“ (Novalis)

Und dies hoffe ich! Ich hoffe, dass mein Märchen, die Utopie, das Bild des universalen Ideal-Künstlers, nützlich sein wird, nützlich, um den Zyklus zu erneuern und reromantisch zu werden. Ästheten sollen wir alle werden, Künstler; es soll eine Utopie Wirklichkeit werden, ein Gedanke, der an alte Werte anknüpft und sie zu verbinden sucht. Es soll eine Idee sein, eine Transformation der Moderne, die auf humanistischen Gedanken gebaut ist, die für mich unendlich erscheinen, schön und brauchbar.

Romantik und ästhetisches Genie sind wie ein Floß zu sehen, deswegen sage ich: lasst das Floß durch Wasser tragfähig werden, lasst uns in die Weite treiben, die Wolken unsern Traum tragen, vereinen wir uns und kämpfen wir für unser Floß, dass es niemals in einen Sturm gerät, dass es auf ewig treibt im Spiel des Windes, der Sonne und der Wolken!

Bejahen wir unser Leben, so müssen wir uns künstlerisch bestätigen, mit dem Willen, der romantische Wahrheit heißt.

Doch Eines sollte man wissen: Ich bin kein neuer Modephilosoph, der sich in alten Traditionen bestätigt und keine eigenen Ideen zum Aufbau einer neuen, zukunftsvisionären Philosophie hat; Nein, dies bin ich nicht!
Ich habe Ideen zu einer Transformation eines Gedankengebäudes, zum modernen Menschsein, zum restaurativen Umsturz der Logik einer ver-rückten Zeit, die aus ver-rückten Elementen besteht, aus Hochmut und Vorspielung eines Truges. Dieser Trug besteht darin, dass unsere Welt nicht nur von negativ-konservativen Ideen, Rationalismus und Bürokratismus, Dekadenz lebt, nein, es ist der Fehler des Einzelnen, der meint, im Übermute sein richtiges Tagwerke zu finden, jedoch nicht das tut, wofür er gedacht und gebaut ist. Der Mensch soll doch seine Ethik selbst setzen, nicht unbedingt als Herrenmensch, jedoch aber als ein Wesen, das Wahrheit forscht und bewahrt.
Deswegen: „Die Welt muss romantisiert werden. So findet man den ursprünglichen Sinne wieder, denn nur ein Künstler der Romantik kann den Sinn des Lebens erraten und erforschen!" (Novalis)

Mein Bestreben ist es, den Einzelmenschen zu verändern. Jener Einzelne soll dann im Zuge seines Tatendrangs anfangen, die Welt selbst umzubauen, so wie es seine Ethik zulässt. Diese Idee soll die Welt bessern, sie soll Romantik ans Tageslicht bringen, Humanismus, denn, wie heißt es doch in ungefähren Zügen im Buch der Autonomie des Hedonismus und der Individualität, dem „Zarathustra": „Der Mensch ist etwas, das verändert werden muss, sollte!"

Ich möchte an dieser Stelle Nietzsche nicht zu genau zitieren, da seine Idee der Änderung eine andere als die meinige ist. Nietzsche wollte den autonomen, individuellen, hedonistischen Übermenschen, ich im Gegenzuge will den Universalkünstler, der kein Herrenmensch, sondern ein Mensch ist, dessen Leben ein Epos sein wird, der bestrebt ist, neben den Werten Nietzsches, assoziativ zu sein und dadurch genial, der die operative Idee des romantischen Lebens gestaltet.

Denn wie wollte wohl Fichte die Wissenschaften verbinden?

Dies geht doch nur durch Assoziationen, und die Verknüpfung stellt dabei den Schlüssel zur Kopplung von Philosophischem und Wissenschaftlichem dar.

Assoziationen, Kopplungen, hierunter verstehe ich lebensphilosophische Einsichten, die den Weg zu einer neuen Philosophie ebnen.

Romantik muss gelebt werden!

„Wasser treibt uns in die Weite,
Wolken tragen unseren Traum, Wind steht unserm Werk zu Seite,
lasst uns ziehen durch Zeit und Raum."

Hesse, der Goldmund

In Hesse ersieht man die gesamte Idee, die Komplexität der Romantik, all ihre Facetten und Änderungen. Er, der neben Novalis und Nietzsche mein Lieblingskünstler und Interpret ist, der mit seinen Werken die vorbereitende Idee der Flower-Power-Romantik einleitete, ist einer der wichtigsten Vertreter des Neuromantischen sowie der Schriftstellerei der Weimarer Republik und der des gesamten idealen Romantikertums.

Seine Werke verbinden Psychoanalytisches und fernöstliche meditative Einflüsse der Philosophie.

Er lernte von Nietzsche, dem Wiedergebärer, aber auch von Novalis, Jean Paul, Heine, Goethe und den Größen der klassischen Literaturgeschichte. Seine Ideen der Ästhetik sind im Bewusstseinserweiternden, Psychedelischen zu finden. In Büchern wie den angesprochenen lässt sich eine Parallele zur Irrationalität Nietzsches, zum „Zarathustra" feststellen.

Goldmund, einer seiner schönsten Hauptcharaktere der Erzählung „Narziß und Goldmund", stellt für mich schon eine Funktion des Künstlers, des Idealbildes dar. Auch das Glasperlenspiel des Pazifisten, die Sozialutopie zeigt ein romantisches Idealbild in der Beschreibung des Magister Ludi Knecht, der als Spielmeister eine Gegenidee zur nationalfaschistischen Ideologie, zum Antisemitismus Hitlers erklärt.

Mit diesem Werk können wir den Versuch Hesses ersehen, die Romantik nach den beiden Kriegen wieder zu voller Blüte zu bringen.

Ich selbst finde mich in den Schriften Hesses wieder, ich verstehe seinen Steppenwolf nur zu genau; das Traktat veränderte Generationen von Hesselesern. Eigentlich ist er schuld daran, dass ich ein Literat, Dichter und Denker wurde, denn als ich zum ersten Male sein Werk „Unterm Rad" las und mir dabei seinen Lebensdrang zum Schriftstellerischen einverleibte, wurde mir klar, dass auch ich zum Schreiben gemacht bin; denn ich fühlte in vielen Dingen ähnlich wie Hans Giebenrath oder Peter Camenzind. Ich wollte auch am Wasser meditieren wie Siddhartha, oder nach Göttern forschen wie Demian. Sein gesamtes Denkgebäude, selbst wenn es heute nachgemacht und larmoyant in Bezug auf frühere Literaten der romantischen Strömungen erscheint, wirkt eindrucksvoll, in manchen Teilen mystisch und undurchdringbar. Die Philosophie, sein Wissen, dass ihn mit vielen Literaten der Philosophiegeschichte verbindet, machen ihn mir zum besten

Schriftsteller neben Tolstoi, denn Novalis und Nietzsche sind reine Philosophen.

Seine Ideen gehen immer von seinen eigentümlichen Erfahrungen, von seiner eigenen lebensphilosophischen Weisheit, seiner Bildung und Intelligenz aus. Hesse versteht es sogar heute noch, aktuell in der Welt zu sein, gelesen, gelebt zu werden, in seiner Welt der Magie und Poesie. Auch die Gedichte des Nobelpreisträgers, vor allen Dingen „Stufen", das Folgende, zeigen, was seine romantisch-philosophisch-ästhetische Weltsicht ausmacht.

Stufen

Wie jede Blüte welkt und jede Jugend
Dem Alter weicht, blüht jede Lebensstufe
Blüht jede Weisheit auch und jede Tugend
Zu ihrer Zeit und darf nicht ewig dauern.
Es muß das Herz bei jedem Lebensrufe
Bereit zum Abschied sein und Neubeginne,
Um sich in andre, neue Bindungen zu geben
Und jedem Anfang wohnt ein Zauber inne,
Der uns beschützt und der uns hilft, zu leben.

Wir sollen heiter Raum um Raum durchschreiten,
An keinem wie an unserer Heimat hängen,
Der Weltgeist will nicht fesseln und nicht engen
Er will uns Stuf' um Stufe heben, weiten.
Kaum sind wir heimisch einem Lebenskreise
Und traulich eingewohnt, so droht Erschlaffen,
Nur wer bereit zu Aufbruch ist und Reise,
Mag lähmender Gewöhnung sich entraffen!

Es wird vielleicht auch noch die Todesstunde
Uns neuen Raumen jung entgegensenden,
Des Lebens Ruf an uns wird niemals enden.
Wohlan denn, Herz, nimm Abschied und gesunde!

Nun, da es ein wunderbares Werk ist, welches den Anbeginne des Zaubers der Romantik, der Philosophie des Glasperlenspiels und der Wiederkunft epochaler Veränderungen unseres Lebens selbst darstellt, bringt es mir die Idee nahe, kurz die Ästhetik dieses Werkes zu forschen und zu hinterfragen.

Jede Blüte welkt wie eine Stufe unseres Lebens, genauso wie jede Änderung des romantischen Systems, und dieses fordert den Neubeginn, der voller Zauber erwartet werden kann. Sicher, Hesse spiegelt das Leben selbst wieder, es bringt die Sicherheit mit sich, das Element, das neue Bindungen eingehen kann, wenn es dies für richtig hält. Es ist ein Zyklus, der von Raum zu Raum durchlebt wird, bis zum Tode und darüber hinaus. Die Romantik ist eine ähnliche Idee; sie wurde ebenfalls durch die verschiedensten Zeiten und Räume geführt, dann nahm man Abschied von ihr, der Idee der Natur, der Bestimmung des Menschen, und fiel in Werte, welche die Welt nicht gesunden werden, sondern betrüben.

Die Magie hingegen, die mit der Romantik Raum um Raum lebte und kostbar den Urquell aller Genialität, aller Kräfte der Schöpfung aufzeigte, wurde misshandelt auf dem Wege der Evolution des Denkaktes zurückgelassen, einsam und undankbar.

Aber ich will sagen, was Magie ist, dazu fühle ich mich berufen, den Denkakt des schöpfenden Ichs zu vollenden, die Weisung des Zarathustra nicht zu übergehen und angefangene Gedankengebäude fertigzudenken. Die Romantik ist kein abgeschlossenes und absolut komplettes Bild, dazu starben Novalis und Nietzsche zu früh! Es gilt mit diesem Werk jenes zu vollenden und auf ewig die Bejahung zukünftiger Irrationalität zuzulassen.

Denn (so Hesse):

„Utopien sind nicht da, um sklavisch realisiert zu werden, sondern um die Möglichkeit des Schwierigen und doch Ersehnten zur Diskussion zu stellen und den Glauben an diese Möglichkeiten zu stärken."

In diesem Merksatz ersieht man, dass, selbst wenn meine Ideen Utopien sind und vielleicht bleiben, sie trotzdem diskutiert und nicht als unmögliches Etwas angesehen werden sollten.

Nietzsche wollte eine Irrationalität, die die Zukunft bejaht; ich will eine, die erst bejaht wird und folgerichtig die Zukunft ausmacht.

Der Denkweg Nietzsches, die Wiederkunft des Gleichen, sowie die Umwertung der Werte beziehen sich auf andere philosophische Grundgedanken; jedoch um einen neuen magischen Idealismus einzuführen, muss die Wiederkehr der romantischen Ideologie erfolgen, die auf einer neuen operativen Umkehr folgen muss, da diese die einzige Möglichkeit ist, Irrationalität wachsen zu lassen, eine solche, die die Zukunft bejaht, oder anders gesehen, eine, die bejahend die Zukunft fordert.

Um Magie zu glauben, bejahen, forschen und entstehen zu lassen, gilt es, wie Hesse sagt, innen und außen zu vertauschen, was eine Ähnlichkeit zum romantisierenden Prinzip des Novalis aufzeigt.

Es gilt, Unbedeutendes als wichtig in den relevanten Vordergrund zu stellen, es gilt, um an Frieden zu glauben, den Pantheismus zu bejahen und die Synthese der blauen Blume zwischen Natur und Mensch zu festigen und fertigen.

Aber all dies muss geschehen auf der Basis des freien wollenden, mögenden Zuges, der Wunsch heißt. Man muss wünschen, dass die Romantik zurückkehrt, aus freien Stücken die Paradoxien bejahen und einsetzen! Wenn wir das nicht tun, sind wir unverantwortlich mit unserem Wissen des Vergangenen umgegangen; man hat doch aus dem Präteritum zu lernen; aus aktueller Zeit, der Zeit des Fernsehens und der Spielkonsolen ist nichts nachzuahmen, zu übernehmen. Es wäre ein Vertrauensbruch zu Gott, wenn die Welt immer mehr verflacht und materialisiert wird, ohne an die Werte und Einsichten zu denken, die Großes offenbaren.

„Ob die Kunst und das Schöne den Menschen wirklich zu bessern und stärken vermögen, sei dahingestellt, zum mindesten erinnern sie uns, gleich dem Sternenhimmel, an das Licht, an die Idee der Ordnung, der Harmonie, des

> Sinnes < im Chaos." (Hesse)

Ich weiß nicht, ob dies stimmt, denn Kunst und Schönheit ändern den Menschen und bringen Ideale, magische Ideale an die wahrheitsliebende Natur. Ein Mensch, der sich mit der Kunst auseinandersetzt, mit Kultur, wird feststellen, dass er selbst, wenn er es denn will, Schönes vollbringen kann. In jedem von uns steckt der geheime Wunsch der Harmonie, den ich als Genialität auslege. In jedem von uns steckt ein romantischer Wahn, eine Wahrheit, die in einer romantischen Gesellschaft ausgelebt werden kann. Aber nur dort!

Diese romantische Gesellschaft werde ich in meinem Märchen, der Utopie oder auch der Theorie zur neuen Irrationalität darlegen und mittels dieser die Kraft, die in jedem Gesellschaftstypus steckt, öffnen und brauchbar machen.

Genialität kann zu jeder Zeit ins Menschliche treten; Ästhetik kann zu jeder Zeit erweckt werden, denn beides sind Grundhaltungen der Seele, die nur entschlafen sind und darauf warten zu arbeiten und zu handeln!

„Kunst ist eine feine und sensible Haut zwischen uns und dem Herzen der Welt, und es ist gewiss besser, diese dünne Haut zu haben, als einen Panzer – aber um ganz ins Herz der Welt hineinzukommen, muss man auch diese zarteste Haut schließlich durchstoßen." (Hesse)

Besagter Aphorismus bestätigt das, was ich auszudrücken versuche. Kunst, Kultur und Philosophie sind unsere höchsten Güter und diese besitzen wir in uns. Wir müssen jene unterbewussten Triebe, die guten Eigenschaften menschlichen Denkens zurückfordern, denn eine Kultur sollte nicht aus Fernsehen bestehen, auch nicht aus negativen Trieben, sondern aus Gegenvernunft und Gegenverstand, also aus Paradoxien zu unserer Welt, und diese bedeuten mir die höchsten Güter der Irrationalität.

Die gegenständigen Werte, rationelles Denken, Konservativität, Vernunft, aller Cartesianismus und Bürokratismus sind in der

Reromantik nicht brauchbar, sie sind im romantischen, nietzscheanischen Sinne amoralische Gegenstände.

Ästhetik, irrationale Ästhetik muss die Umwertung des Amoralischen fordern, denn es sind Sklaven der heutigen Welt, die uns selbst zu Sklaven machen.

Wir müssen doch frei sein und nicht in unserer „selbst verschuldeten Unmündigkeit" das Dasein für annehmbar halten, das als korrekt ausgelegt wird.

A priori gilt: Philosophie und alle Gesichter der Wahrheit kommen nicht aus dem Verstand oder der Vernunft. Wahrheit ist transzendent, also irrational und das bedeutet: Wer die Wahrheit hinterfragt, muss im ästhetisch-romantischen Sinne mit der Irrationalität beginnen. Philosophie, Wahn und Wahrheit, die Gesichter des Romantischen, sind die höchsten Güter unserer Kultur, und es gilt, sie wieder zu bekräftigen, denn die Wahrheit, die Wittgenstein im „Tractatus Logico Philosophicus" offengelegt zu haben scheint, geht nicht logisch zu erfragen, sondern mit dem Gegenstücke der Logik, und dies ist die blaue Blume, das Symbol alles Irrationalen.

Hesse würde mir an dieser Stelle sicher recht geben, denn meine Ideen sind kohärent zu seinen, sie spiegeln die gesamte Romantik in unsere Zeit, das wollte er selbst. Ist nicht der Goldmund, den er in unsere Welt brachte, kein Künstler, der die romantische Kraft des Einzelmenschen mit der Metaphysik der Künste in Verbindung, in Kohärenz setzte?

Hesse ist Goldmund, ist Demian, ist Camenzind, und diese Figuren sind alle magische Personen seiner Existenz. Darum ist Hesse Magier und Zauberer der romantischen Idee. Mit Novalis dem Propheten, Nietzsche dem Wiedergebärer und Hesse dem Zauberer steht für mich das Grundgerüst der Romantik deutscher Kultur da, das nun neu leben soll!

Expression, die irrationale Zerstörung

Die Expression ist die irrationale Gegenidee zu aller Neuromantik, also Impressionistischem und Jugendstilistischem, aber auch eine Gegenidee, eine Antwort zum Vormärzdenken des Naturalismus. Der Expressionismus ist ein Begriff, welcher durch Kurt Hiller 1911 als prägend für die Literaturströmung der Zeiten zwischen 1910 und 1925 eingesetzt wurde. Die Ideen des vielleicht innovativsten, nebenbei vielleicht hässlichsten und antirationalsten, radikalsten Gedankenbildes des abrundenden Romantischen, bilden die Werke Nietzsches, die Traumdeutungen Freuds, sowie das Relativitätsdenken Einsteins. In den einzelnen Werken, die von Trakl über Lasker-Schüler zu Benn und Kafka reichen, wurden die Identität, die Machtproblematik, die Großstadtwirrnis mit Zügen des italienischen Futurismus angehaucht, dargestellt und mittels allegorischer und negativer Metaphoristik auf die Welt eingeläutert. Die Grundgedanken sind vorreitende Ideen des Existentiellen, das durch die Themenwahl der Interpreten, durch die Verarbeitung nietzscheanischer Bilder und durch ein beständiges Wir-Gefühl zum Negativen hin, bestätigt wird. Der Frühexpressionismus, den man in Zeitschriften wie „Der Sturm" oder „Die Aktion", „Der Brenner" (Ludwig von Ficker) sowie in der Anthologie „Der Kondor" zu spüren bekam, begann um 1910. Zu diesen frühen Dichtern zählten van Hoddis und vor allen Dingen Georg Trakl, Benn und Heym. Erste Gedichte wie van Hoddis' „Weltende" strahlten die Entfremdung und Dynamik, die Zerrissenheit der Großstadtwelt wieder. Benn und Trakl, die auf verschiedene Weise den Weg zum Grausamen, Schrecklichen, Dunklen fanden, näherten sich in ihrer Bildsprache der Baudelaires. Durch häufigen Gebrauch der blauen Blume als ästhetisches Bild in den Gedichten Trakls, sowie die Vorliebe zu Novalis, lässt sich die Verbindung des Einflusses der Romantik auf die negativ ästhetische Welt der Expressionisten leicht erklären. Auch barocke Dichtungen wie die „Vanitas"-Dichtungen des 16. Jahrhunderts zeigen den Zusammenhang zur ästhetischen, vorbereitenden Idee der expressionistischen Ära.

Doch nun zurück zu Trakl, zum „Helian", zum abrundenden, antilogischen Denkmodell, das nicht nur durch Nietzsche, Freud und Einstein zum abstraktesten weiterführenden wurde, denn auch die Schriften Worringers („Abstraktion und Einfühlung"), sowie der Aufruf Landauers zum sozialistischen Denken erklären den Schritt, welchen die Künstler gingen, um Neuland in der Schriftstellerei zu manifestieren und zu leben.

Wichtig in ihrer Vorlebung, im Vordenken, waren aber nicht allein das Barock-Ästhetische, wie das Romantisch-Geniale, da ebenfalls die Lyrik Walt Whitmans und Arthur Rimbauds faszinierten. Sicher, die Gedichtform spielte die tragende, bildhafte Hauptrolle in der Ausdrucksform des Vorexistentiellen, aber auch Erzählungen Döblins oder Parabeln Kafkas versuchten abstrakt die paradoxe Welt, die Wirrnis des Menschen aufzuzeigen. Zudem gab es zu jener Zeit Schriftsteller, die versuchten, die mythenhafte Welt der Romantik in Erzählungen und Romanen, wie Paul Adler („Die Zauberflöte"), darzulegen. Sogar eine Verbindung zum Neuromantischen lässt sich, trotz der Ablehnung des Nachahmenden, Konservativen feststellen: In Dramen der frühexpressionistischen Ära, die bis etwa 1914, zum Ausbruch des Krieges, anhält, werden die Werke Wedekinds zum Vorbild.

Da im Prosadenken der Expressionisten die Erzählung die Hauptfigur abgibt, wurden die Bühnenstücke auf verknappte Formen reduziert. Auf diese Art entstanden einaktige Stücke wie die Kokoschkas und Döblins. Durch den Ausbruch des Erwarteten, des 1. Weltkrieges, erklärt sich die Richtung, die die Expressionisten nun zu leben verstanden. Die ohnehin radikale Idee schlägt jetzt in eine radikal-pazifistische um. Die Denkrichtung im politischen Sinne zog die Künstler auf die linke, marxistische Seite. Hierbei wurde Heinrich Manns Essay „Geist und Tat" als programmatisch für die linksgerichtete aktivistische Front, die in den Hauptzentren Berlin und Wien durch eine Vielzahl von Publikationen ihre Ziele und ihre Wünsche kritisch zum Vorgehen der Kriegsmächte darstellte. Der Aktivismus, wie ich ihn bezeichne, fand in Hillers „Zieljahrbüchern" sowie in Schickeles Zeitschrift „Die weißen Blätter" seine unterstützenden Elemente. Nach Kriegsende scheiterte das

Programm der expressionistischen, abstrakten Kunstidee, die beschwörend die Menschheitserneuerung forderte, was in ihrem Sinne hieß: Kommunismus und Entstehung einer Räterepublik. Eben das Scheitern beider war begründet im naiven Glauben sowie an dem zu reell gegliederten System. Die Weiterführung mündete in einer neuen Richtung, dem Dadaismus, und dieser Schritt wurde von vielen Literaten und Dramatikern, wie Brecht, verachtet und deshalb ein Weg gesucht, der sich im literarischen Bild der Weimarer Republik herauskristallisiert. Man forderte vehement den Ausgang des Expressionistischen, das Ende der zerstörenden Literatur, da man im Dadaismus die Sinnlosigkeit und Leere der Schriftstellerei wahrnehmen konnte. Der zerstörenden Literatur aber folgte eine neue Richtung, der Surrealismus, der sich wiederum im „Steppenwolf" Hesses niederschlägt. Der Fluss der „Logik" von Herder bis in die expressionistische Zeit bildet sich zu einem großen Zyklus, den man am surrealistischen Bild des „Steppenwolfes" ersehen kann. Denn dieser wurde beeinflusst, angefangen von Novalis und Jean Paul, über Nietzsches „Dionysos-Dithyramben" bis zu Carl Gustav Jung und folgerichtig auch von der existentiellen, nihilistischen Expression.

Deswegen ist es wichtig, sich die expressionistische Literatur zum Verständnis des Zyklus näher zu Gemüte zu führen, und das will ich mit einem Werke Trakls, dem „Sebastian im Traum" tun, den ich nun, in meinem Buche, als beispielhaft für die morbide Welt der Expression gebrauchen werde.

Dieses ist nicht bloß ein einfaches Beispiel wie die vorigen, die ich in den Kontext einwebte, es ist mir das wichtigste, denn das Modell der nihilistisch denkenden Gesellschaft, die in diesem romantischen Abschnitt ihr abstraktes Wesen offenbarte, zeigt den Menschen, den ich in meinem Märchen benutzen will. Der „Sebastian", den ich erklären will, mit Wortgewalt, soll in gewissen Zügen einem wahren romantischen Helden ähneln, aber nicht seine Vorgänger kopieren. Sebastian ist ein weiser, ein fiktiver Charakter, ein Spiegelbild meines Seelenlebens, das ich in der Folge leben lassen will, zudem mit rückwirkender Kraft.

„Historia abscondita. – Jeder große Mensch hat eine rückwirkende Kraft: Alle Geschichte wird um seinetwillen wieder auf die Waage gestellt, und tausend Geheimnisse der Vergangenheit kriechen aus ihren Schlupfwinkeln hinein in seine Sonne. Es ist gar nicht abzusehen, was alles einmal noch Geschichte sein wird. Die Vergangenheit ist vielleicht immer noch wesentlich unentdeckt! Es bedarf noch so vieler rückwirkender Kräfte."
(Nietzsche)
Was heißt rückwirkend? Die Geschichte wieder neu auf die Waage zu stellen. Und für mich heißt es zudem, den kompletten Zyklus neu leben lassen. Die Macht des Vergessenen zu hinterfragen, sie nicht im Vergangenen schlummern zu lassen, sie ästhetisch zu restaurieren und niemals mehr im dekadent-logisch Amoralischen schweben zu müssen. Romantik heißt nicht nur Märchen, Gedichte; sie meint ein Gedankengebäude der höchsten Kunst, der stärksten Vereinigung menschlicher Fähigkeiten, wie ich bisher zeigte.

<u>Sebastian im Traum</u> (ein Ausschnitt)

Mutter trug das Kindlein im weißen Mond,
Im Schatten des Nußbaums, uralten Hollunders,
Trunken vom Safte des Mohns, der Klage der
                                        Drossel;
Und stille
Neigte in Mitleid sich über jene ein bärtiges Antlitz

Leise im Dunkel des Fensters; und altes Hausgerät
Der Väter
Lag im Verfall; Liebe und herbstliche Träumerei.

Also dunkel der Tag des Jahrs, traurige Kindheit,
Da der Knabe leise zu kühlen Wassern, silbernen
                                        Fischen hinabstieg,
Ruh und Antlitz;
Da er steinern sich vor rasende Rappen warf,
<u>In grauer Nacht sein Stern über ihn kam ...</u>

Weimarer Republik, die vorläufige Aufspaltung der romantischen Idee

Zunächst: Warum Aufspaltung?

Die Weimarer Republik, ihr schriftstellerisches Potential, das ich mit Remarque, Kästner, Brecht usf. in Verbindung bringen möchte, zeigt keine kohärente Art von Literatur. In der Tendenz der Ideologie des Literarischen, das sich in den Jahren von 1920 bis zur Machtübernahme Hitlers 1933 bildet, findet man keine epochale Einheit, wie sie zuletzt im expressionistischen Weltbild zu erkennen ist. Man kann bei dieser Betrachtung auch nicht von einer einheitlichen romantischen Weiterlebung sprechen; das Bild, das nun in den vorliegenden Kontext der wissenschaftlichen Abhandlung des Historischen, Literarischen eingewebt werden soll, ist eher schwieriger Natur, da es, angefangen von einer höchst romantischen Welt des Goldmunds Hesse, über Bildungsromane eines Thomas Mann, Antikriegsromane Remarques, zu den märchenhaften Stücken Kästners, zum kommunistisch angehauchten Drama Brechts reicht. Hier findet man die geforderte Arbeitsliteratur, der ein breit gefächertes Lesebedürfnis des Lesers, also des Arbeiters, gegenübersteht.

Der Arbeiter selbst ist es ja, der so zum Literaten, zum Denker und Dichter wird; er ist nicht allein der Lesende, sondern auch der Schreibende, der Revolutionär, der proletarische Ideen zu verwirklichen sucht.

Dieses höchst interessante Ereignis der schreibenden Zunft spiegelt sich im 1928 gegründeten „Bund proletarisch-revolutionärer Schriftsteller Deutschlands" wieder, der versucht, die Welt des arbeitenden Menschen in die Tendenz des Literarischen einzuordnen und zu verbessern.

Nicht nur auf diesem Sektor der schreibenden Welt findet man die politische Agitation, die das kommende Unheil der absoluten Dekadenz des negativ irrationalen Nationalsozialismus bekämpft, sie mit warnenden Worten aufzuhalten versucht. Jene Form der politisierenden Kunst sieht man in der gebräuchlichen Literatur, in Essays, Glossen, Berichten usf. Auch in großen Romanen, in denen die Bildung als demokratisch-aufklärerische Idee oben ansteht, versucht der Literat selbst, auf die Entwicklung der Gesellschaft und das potentielle Vermögen des Einzelindividuums, des Bürgers, Einfluss zu nehmen.

Aufklärung, eine neue Art von Aufklärung, steht an der Spitze des Denkzieles des einzelnen Romans, des einzelnen Stückes.

Demokratisierung ist die unbedingte Forderung des Romanciers und des Dramaturgen der „neuen Sachlichkeit" der Weimarer Ideologie. In diesem geteilten, gespaltenen Denkwege kann man zu einem großen Teil eine reaktionäre Haltung gegen den abstrakt gebauten Expressionismus erkennen.

In großen Zügen erlebt der Leser dort eine Weiterführung des Neuromantischen, sowie eine weitere Entwicklungsstufe des Realistischen, den kritischen Realismus.

Auch neue Ideen wurden verarbeitet, so z. B. der Gedankenstrom eines James Joyce in den Werken Döblins.

Im Theater, dem dramatischen Teile der Literatur der Jahre 1920-1933, erlebt der Zuschauer Brechts episches Programm, das auch die Aufklärung im demokratischen Sinne fordert.

Diese stilistisch neue Richtung unterstützten Marieluise Fleißer sowie Ödön von Horvath, die beide eine volksdramatische Typisierung prägten.

Die Weiterlebung des Neuromantischen wird vornehmlich durch den lyrischen Hymnendichter George prägsam, da er mit seinem Gedichtband „Das neue Reich" (1928) die romantische Genialität der lyrischen Form in höchster Art und Weise zum Ausdruck bringt.

Gegenüberstellend zum höchst Romantischen sollte man die sogenannte „Gebrauchslyrik" Kästners und Brechts stellen, von der ich ein Beispiel aufzeigen möchte, eines, welches aber zudem die demokratisch politisierende Kunst in sich trägt, sowie einen kleinen Hauch von romantischer nachfahrender Stilistik. Selbstverständlich dürfte klar sein, dass, wenn man die Kunst in der Zeit der Weimarer Republik zusammenfasst, nur die gegenübergestellte antifaschistische Literatur interessieren sollte, sprich die Autoren, die bei Hitlers Bücherverbrennung öffentlich gedemütigt wurden, deren Werke in Flammen aufgingen.

Diese Autoren, Hesse, Remarque, Kästner, Brecht, Tucholsky und andere, möchte ich übergreifend als pazifistisch, demokratisch und intelligent bezeichnen.

Nicht alle von ihnen entsprechen dem romantischen Ideal, jedoch Brecht, Hesse und Kästner waren Erben der Idee, die ich ideal, poetisch und weise nenne. Auf Hesse selbst möchte ich nun nicht mehr eingehen; einzig bleiben Kästner und Brecht, die ich während des vorherigen Kontextes noch nicht erklärend untersuchte.

Thomas Mann, Döblin und Zweig sind schon in meinem Sinne abgehandelt.

Deshalb soll es mir lieb und teuer sein, ein Beispiel Kästners zu wählen, das eines verbindet: Antifaschismus.

Vielleicht müsste man in dieser Zeit die Romantik zu einem antifaschistisch-pazifistischen Wege umformen, um zu einer neuen Entwicklungsstufe zu gelangen, die jedoch sehr bald, durch die Tyrannei Hitlers, in eine exilliterarische Strömung transformieren sollte.

Es ist traurig, keine einheitliche Weiterleben zu finden, wie es in vorherigen Epochen der Fall war. Noch trauriger, dass die Historie eine dämonische Person in die Welt setzte, die meinte, ein Übermensch zu sein in Form der nietzscheanischen Philosophie. Ein Dämon, der meinte, Nietzsche zu erfassen, und in Wahrheit ein gefährlicher Verrückter, ein Gespaltener war.

Kästner, der in der Reichskristallnacht mit einem Taxi durch die Straßen Berlins fuhr, formulierte es passend und wahr:

„Der Alptraum eines Wahnsinnigen",
so titulierte er das grausame Ereignis.

Die beiden großen Kriege zerstörten im Endeffekt auch eines der großartigsten Kunstwerke der Philosophie und Literaturgeschichte.

Was bei Herder begann, im Sturm und Drang, zerfiel durch eine Notsituation, die sich im Weimarer Dasein und dem

Darauffolgenden erfassen lässt. Die Weltwirtschaftskrise und die fehlenden Führungspersönlichkeiten, Charismatiker im demokratischen oder linken Sinne, brachten Hitler an die Macht. Viele Fehler wurden in der Verfassung begangen; vieles, was Schlechtes, Dämonisches förderte, zuließ, dass sich eine braune Front aufbaute. Diese Fehlleistungen in der Politik ließen durch die Unsicherheit der Künstler eine Spaltung des Denkansatzes folgen, der leider noch heute im Literarischen spürbar ist.

Einzig und allein im philosophischen Sektor entstanden aus romantischem Gedankengut neue Bewegungen, wie die lebensphilosophische Hermeneutik Diltheys, sowie der Existentialismus, der ja auch durch einen romantischen Philosophen, Kierkegaard, im übergreifenden Sinne begründet wurde.

Da die Weimarer Republik nicht unbedingt eine Grundfeste romantischen Denkens war, will ich es mit dem angekündigten Beispiel bewenden lassen. Es soll, wie erläutert, demokratisch erscheinen, neu-aufklärerisch, politisierend also die Tendenzen dieser Zeit aufweisen. Doch verspreche ich zu viel, wenn ich sage, dass es romantisch stilisiert ist, da man einer solch grausamen Vereinigung geschichtlich negativen Erfahrens nicht allein mit romantischer Kraft entgegenwirken kann. Hesse konnte dies, doch viele andere nicht im wirklichen Sinne.

Aber ein bisschen Romantik spiegelt sich selbst dort, obwohl man in der sogenannten Gebrauchslyrik Kästners keine Synästhesie, keine programmatische Universalpoesie wahrnehmen kann. Auch hole ich, eventuell, zu weit in meinem Zyklus aus, ähnlich wie Schlegel, der alles Großartige als romantisch darzustellen suchte, von Homers Werken, zum Nibelungenlied, zum Simplicissimus ...

Ich versuche lediglich ehrlich und getreu das aufzuzeigen, was Novalis und Rousseau forderten, was das Vergangene, das Großartige für mich ist:

Die Romantik

Doch nun zu Kästner:

Kennst du das Land,
    wo die Kanonen blühn

Kennst du das Land, wo die Kanonen blühn?
Du kennst es nicht? Du wirst es kennenlernen.
Dort stehn die Prokuristen stolz und kühn
in den Bureaus, als wären es Kasernen.

Dort wachsen unterm Schlips Gefreitenköpfe.
Und unsichtbare Helme trägt man dort.
Gesichter hat man dort, doch keine Köpfe.
Und wer zu Bett geht, pflanzt sich auch schon fort!

Wenn dort ein Vorgesetzter etwas will
– und es ist sein Beruf etwas zu wollen –
steht der Verstand erst stramm und zweitens still.
Die Augen rechts! Und mit dem Rückgrat rollen!

Die Kinder kommen dort mit kleinen Sporen
und mit gezogenem Scheitel auf die Welt.
Dort wird man nicht als Zivilist geboren.
Dort wird befördert, wer die Schnauze hält.

Kennst du das Land? Es könnte glücklich sein.
Es könnte glücklich sein, und glücklich machen!
Dort gibt es Äcker, Kohle, Stahl und Stein
und Fleiß und Kraft und andere schöne Sachen.

Selbst Geist und Güte gibt's dort dann und wann!
Und wahres Heldentum. Doch nicht bei vielen.
Dort steckt ein Kind in jedem zweiten Mann.
Das will mit Bleisoldaten spielen.

Dort reift die Freiheit nicht. Dort bleibt sie grün.
Was man auch baut – es werden stets Kasernen.
Kennst du das Land, wo die Kanonen blühen?

Du kennst es nicht? Du wirst es kennenlernen!

In diesem Gedicht spiegelt sich im satirischen Sinne eine antifaschistische Haltung gegen ein solches Land, gegen eine solche Utopie. Kästner vermag mit diesem Werk gleichzeitig im Kopf des Lesers eine positive gegenübergestellte Idee aufzubauen, einen Antagonisten. Es war mir lieb dies Gedicht in meinem Buche einzuordnen, denn dies soll ja auch in der Reromantik zählen: Der Pazifismus.

Doch nun um den gesamten Zyklus zu erklären fehlen noch einige Bewegungen, zum einen die Weiterentwicklung der Lebensphilosophie durch Dilthey und Schleiermacher, sowie die Existenzphilosophie und den Existentialismus Camus, Sartres, und anderer.

Diesen Punkt will ich im nächsten Kapitel erklären und somit die gespaltene Literatur der Weimarer Republik verlassen, um endlich wieder romantisches Gedankengut in mein Werk einzuspinnen.

Romantische Weiterentwicklungen:
Hermeneutik und Existenzphilosophie

Hermeneutik

Den Leser mag es verwundern, dass ich zuerst, vor dieses essayistische Kapitel, die Weimarer Republik stellte, eigentlich fast den gesamten romantischen Zyklus; doch dies darf nicht falsch gedeutet werden, denn die Hermeneutik ist in ihrer Idee sogar heute noch durch Ecos Versuche eine aktuelle, sprich ein ausgedehntes Bild.

Der Begriff leitet sich vom griechischen *hermēneúein*, Deuten, Interpretieren ab, und wird gewöhnlich als Lehre vom Verstehen, als Kunst der Auslegung betrachtet.

Die Idee dieser Auslegungskunst findet ihren Ursprung in der Zeit des humanistischen Ideals, da man Texte antiker oder biblischer Herkunft auf Wahrheit prüfte.

Im 16. Jahrhundert galt es deshalb, ein Regelwerk des Untersuchens zu schaffen, welches das Verständnis zwischen dem Deuter und dem klassisch -theologischem Text erleichtern und vereinfachen sollte.

Darüber hinaus schien es geboten, ein System zu entwerfen, das den Interpretationsansatz in eine wahre und richtige Bahn leitete.

Da diese systematische Untersuchungsform im Gegenzug zur Scholastik des Mittelalters stand, ist sie auch als eines der vorläufigen Modelle irrationalen Denkens prägend.

Philosophen, wie Schleiermacher und Dilthey, erweiterten die humanistische Ideenwelt im 19. Jahrhundert, indem sie den Betrachter der Texte, also den Leser, in ihre untersuchenden Ansätze mit einbanden, was heißt, dass sie die Art der Interpretation als eine Rekonstruktion des Psychologischen erfassten.

Laut Schleiermacher bedeutet dies, dass der Lesende, der Untersuchende, den Kern des Textes durch die genaue Betrachtung wahrnehmen könne, sprich im interpretierenden Akt den Denkweg erkennen und somit die schöpferischen Ideen des Autors freilegen zu können.

Für den Interpretierenden solle der Grundgedanke nachvollziehbar sein und somit der Gehalt des betrachteten Kunstwerks klar ersichtlich werden.

Beim hermeneutischen Ziel Diltheys ging es vorwiegend um eine Abgrenzung des Irrationalen vom rationalen Element.

Er trennte die Naturwissenschaften von den verstehenden Geisteswissenschaften und unterstrich die Bedeutung des Sprachdenkmals, also des literarischen Irrationalen und machte deutlich, dass der Vorgang der Interpretation rein individuell und frei zu vollziehen sei.

Wie ich schon erwähnte, spielte auch im 20. Jahrhundert die hermeneutische Bewegung eine tragende Rolle in der Philosophiegeschichte. Hier ist es nicht nur Eco, der die Lehre vom Verstehen mit der des Strukturalismus mittels der kulturellen Semiotik zu verbinden sucht, nein, auch schon zu Beginn dieses Jahrhunderts beschäftigten sich Edmund Husserl, der rechtsgerichtete Heidegger und dessen Schüler Hans Georg Gadamer mit einer neuen Art von untersuchender Auslegungskunst. Diese neue Richtung der Interpretationsweise wird gemeinhin als „offene" bezeichnet.

Das Verständnis des Lesenden ist hierbei nicht nur das Verhältnis des Lesers (Subjekt) zum Texte, sondern Teil des Geschehens, des wirkungsgeschichtlichen, dass die geschichtlichen, ergo historischen Veränderungen berücksichtigen und somit den „Horizont" des Interpretationsaktes, der Erkenntnis, mit einbezieht.

Jene Vorgehensweise wird gemeinhin als Horizonttheorie bezeichnet.

Der Zusammenhang der Bedeutung des Textes ist dem Interpretierenden als vergangene Wirklichkeit nie erfassbar und damit unverständlich. Das Phänomen der hermeneutischen Untersuchung ist von Heidegger und anderen als Zyklus erfasst worden. Der Vorgang wird von ihnen als „Hermeneutischer Zirkel" bezeichnet, d. h., dass sich das Verstehen und die Interpretation (die Vorgehensweise des Untersuchens) von Teil und Ganzem eines Textes kreisförmig aufeinander beziehen.

Zur Erklärung: Der Teil muss verstanden werden, um das Gesamtwerk zu deuten, so, wie das Gesamtwerk klar sein muss, um den Ausschnitt zu verstehen. Sind Teil und Gesamtwerk erfasst, bedeutet dies, dass Erfahrung, Reflexion und Forschung möglich sind.

Die Theorie Heideggers umfasst die Hermeneutik, bindet alle Facetten verstehender Erkenntnis, da jegliche Form von Wissen auf Auslegungskunst beruht.

Paul Ricœur, ein französischer Philosoph, radikalisierte Heideggers und Gadamers Idee, indem er die Hermeneutik im linguistischen Bereich zu erweitern suchte.

Durch diese Verbindung sollte die Interpretation, stärker als bisher geschehen, zum soziologisch-historisch-sprachlichen Phänomen werden. Wichtig kann die hermeneutische Idee auch zum Interpretieren der Texte, Gedichte, Aphorismen und Exzerpte sein, die ich bisher präsentiert habe. Doch dabei soll niemals zu kompliziert gedacht werden; ein Erkennen des künstlerischen Gehaltes kann schon im Sinne Diltheys und Schleiermachers geschehen, die die Art der Interpretation als eine Möglichkeit der Erkennung darstellen. Für mich ist diese einfach die logischste Art und Weise, in der Untersuchung vorzugehen.

Sicher, Heidegger, Gadamer und Husserl sind in ihrer Art ebenfalls logisch; jedoch zu kompliziert, um sie bei einem Gedicht Hölderlins anzuwenden, da man hier viel mehr mit dem Gefühl arbeiten muss.

Eine Gedichtinterpretation ist für mich nichts weiter als eine assoziative Gefühlskundgebung; eine Darstellung der Reaktion der Seele.

So vielleicht sollte man auf die Ausschnitte reagieren, die ich in den Text einwebte; denn beruht nicht alle Lebensphilosophie auf Gefühl und somit auf einem der höchsten Güter der Irrationalität?

Existenzphilosophie

Erneut muss ich feststellen, dass das Kapitel in seiner Bandbreite nicht genau in den Rahmen meines Buches passt, da die Idee, angefangen von Blaise Pascal, über Nietzsche und Kierkegaard zu Heidegger und zum französischen existentiellen Bild der Nachkriegsphilosophie eines Sartres oder Camus' reicht und somit nicht genau in den Kontext der vorherigen Erläuterungen und Essays einzuordnen ist. Da es gilt, ein übergreifendes, die Epochen allumfassendes Geschehen im philosophischen Rahmen zu erklären, will ich mit einer der ersten Gegenideen zu Descartes' logischem Entwurf der Dualität der Gottheiten, wie ich sie am Anfang des Buches dargestellt hatte, beginnen. Dies bedeutet, dass der aufmerksame philosophische Leser zuerst mit mir in die Welt der „Pensées" Pascals einsteigt, dem wohl größten religionsphilosophischen Genie Frankreichs.

Anschließend gilt es, die Denkmodelle der beiden Hauptideologen der existenzphilosophischen Strömung (Kierkegaard, Nietzsche) zu betrachten und dadurch die Welt der Existenzbetrachtung des 20. Jahrhunderts zu verstehen.

Zusätzlich will ich die Literatur, die die Strömung hervorbrachte, in dies Kapitel mit einführen, da sie ein äußerst irrationales Denkschema aufweist. (Man siehe den „Mythos von Sisyphos")

Zunächst, bevor diese gesteckten Ziele erreicht werden, will ich kurz den Begriff sowie die Themenwahl der Existenzphilosophie erklären und somit eine Basis zum Verstehen des romantischen Gedankengebäudes bilden, von der aus die einzelnen Schritte, die die Entwicklungen mit sich brachten, erkennbar werden.

Der Begriff selbst wurde 1929 von dem Philosophen und Historiker Heinemann in dessen Buch „Neue Wege der Philosophie. Geist, Leben, Existenz" eingeführt und gilt als Prädikat für die Art von Philosophie, die sich mit Fragen menschlicher Problematik und Existenz auseinandersetzt.

Im Gegenzug zur Existenzphilosophie bezeichnet man die Art der französischen Philosophie Sartres als existenzialistisch.

Da es zu viele Anschauungen und Gedankenassoziationen zu dieser Philosophie gibt, ist es kaum möglich, eine genaue Beschreibung oder Definition zu finden, die den Begriff erklärt.

Dafür gibt es aber unter den Vertretern der Existenzphilosophie oder des Existenzialismus eine gemeinsame Themenwahl, die die Seinswelt des Menschen behandelt.

Sören Kierkegaard ging in seinen Betrachtungen so weit, dass er glaubte, das höchste Gut des Individuums sei die Erkenntnis der eigenen und alleinigen Bestimmung.

Die nachfolgenden Existenzphilosophen unterstrichen Kierkegaards Theorie und glaubten ebenfalls, dass der Weg des Einzelnen eigens gewählt werden müsse und dabei keine Rücksichtnahme auf das Verhalten genommen werde dürfe.

Im Gegensatz zur alten Ansicht, dass die ethische Wahl eine Wahl zwischen „Gut und Böse" sei, gibt es in der Existenzphilosophie keinen rationalen Grund für eine moralische Entscheidung. Kierkegaard aber nahm zudem an, dass die Wahl zwischen Glauben und Gott durch diese zum Ethisch-Moralischen zurückfindend sein sollte.

Ähnlich wie im Expressionismus ging es den Philosophen um die Subjektivität des menschlichen Daseins, das sich durch den Einzelnen und dessen Grundbefinden, durch die Erfahrung existentieller Ängste zu definieren scheint.

Nietzsche erweiterte die Idee der Existenzphilosophie, indem er durch die „Umwertung der Werte" den Einzelmenschen dazu bringen wollte, eine eigene Entscheidung des Sittlichen heraufzubeschwören.

Andere Existenzphilosophen nahmen sich der Idee Kierkegaards an, dass die Entscheidung des Individuellen in Bezug auf Moral und Wahrheit von existentieller Gewichtung sei. Hierbei bestanden sie auf der „persönlichen Erfahrung" und der Handlung des Menschen nach „eigener Überzeugung", die für die Erkenntnis der Wahrheit von größter Bedeutung sind. Dadurch, dass die Philosophen der Existenz des Menschen als Tuendem und Handelndem einen übergroßen Wert beimaßen, fingen sie an, alte Denkmodelle (rationale und theoretische) in Frage zu stellen.

Die Darstellungsform der Texte, die von der des nunmehr abstrakten Denkens dargelegt wurden, blieben somit nicht im theoretischen Rahmen. Man bediente sich „offener" literarischer Formen, beispielsweise des Aphorismus, des Fragments, des Dialogs oder der Parabel.

Trotz der abwertenden Haltung gegenüber rationalen Denksystemen kann man nicht von einer absolut irrationalen Denkweise sprechen, da der Existenzphilosoph mittels der Vernunft Themen des subjektiven Menschseins hinterfragt und beantwortet.

Eines der bedeutendsten Themen dieser philosophischen Richtung ist das der „Wahl".

Im Allgemeinen wird die Freiheit der Wahl als die beste Eigenschaft menschlichen Daseins gewertet.

Die Natur des Menschen steht im Gegensatz zu Tier und Pflanze, da sich diese selbst durch Entscheidungen beeinflussen lässt.

Sartre, der französische Existentialist, beurteilte jenen Sachverhalt durch die Existenz, die er als vorläufiges Modell der Essenz (Natur) darstellte.

Die Prinzipien der Wahl sind für die menschliche Existenz von größter Bedeutung, da auch eine Verneinung oder eine Weigerung eine Wahl darstellt. Wahl im großen Sinne bedeutet gleichzeitig Verantwortung, zum Beispiel das Erwählte auszuführen.

Kierkegaard legte in seinem Werke „Der Begriff der Angst" ein menschliches Bekenntnis ab, das besagt, dass der Mensch nicht nur gewöhnliche Ängste kennt, sondern dass eine Grundfurcht vorherrscht, die er „Angst" nannte.

Diese Angst kann ebenfalls als „Weltangst" gedeutet werden, die den Menschen dazu bringt, Furcht zu empfinden, aber diese Furcht nicht zu erkennen.

Er steigerte den Begriff aus Adams Vergehen, der „Erbsünde", die seit der Verstoßung aus dem Paradies auf uns Menschen lastet.

Auch für Heidegger besteht eine Kohärenz zwischen Angst und Unkenntnis, die eine Art Unmöglichkeit darstellt; die letzte Rechtfertigung für die anstehende Wahl.

Sartre bezeichnet in seiner Philosophie Angst als das Erkennen der vollkommenen Freiheit der Wahl; Ekel bedeutet für ihn das Erkennen der Zufälligkeiten des Universums, des Kosmos.

Zur angesprochenen geschichtlichen Entwicklung von Pascal zu Heidegger und Sartre:

Blaise Pascal war wohl der erste Philosoph, der sich mit dem Denken des Existenzbegriffes auseinandersetzte. Durch seine Grundideen gab er die Richtung vor und prägte die einzelnen Gedankenbilder und Entwicklungen. Pascal konkurrierte mit seinen Ideen der „Pensées" mit denen der Philosophie des Rationalismus Descartes' und behauptete in diesem Werk, dass eine logische und theoretische Art von Philosophie eine Art Hochmut sei. Er meinte damit, dass man nicht Gott und die Welt auf Papier erklären könne. In skeptischen und religionsphilosophischen Zügen erklärte Pascal, dass das Leben durch Paradoxa bestimmt sei und teilte damit die Meinung Kierkegaards, seines Nachfolgers. Im Gegenzug wandte sich Kierkegaard gegen das dialektische Bild Hegels im Sinne des absoluten Idealismus, da Hegel meinte, ein Gesamtverständnis im rational-synthetischen Sinne von Mensch und Historie aufgedeckt zu haben. Für Kierkegaard erschien die Situation des Menschseins absurd (paradox) und nicht mit rationalen Mitteln erklärbar. Die Antwort, die er zu diesem Bild Hegels fand, war, dass das Individuum sich dem Leben völlig verpflichten müsse, jene Verpflichtung solle nur vom Menschen selbst nachvollziehbar sein. Deswegen sollte der Mensch, das Individuum, immer dazu bereit sein, sich gegen Normen der Gesellschaft zu stellen und den eigenen Lebensweg als persönlich vertretbar auszulegen. Letztlich bejahte Kierkegaard durch eine ästhetische Weltsicht den religiösen Übergang ins christliche Dasein, da das die einzige Möglichkeit darstellte, den Menschen vor der Verzweiflung zu retten.

Nietzsche wusste von diesen Überlagerungen Kierkegaards nichts, jedoch beeinflusste er die kommenden Existenzphilosophen durch seine Kritik an den metaphysischen und moralischen Traditionen. Er benutzte den Nihilismus als Übergang von falschen Werten zu neuen, individuellen, und aktivierte einen lebensbejahenden Willen: Den Willen zur Macht. Dieser fand in dem schon mehrfach erwähnten Werk „Also sprach Zarathustra" seinen Höhepunkt, da er dort eine Lehre eines höheren Menschen, eines „Übermenschen" propagierte.

Der Grundgegensatz zwischen Kierkegaard und Nietzsche war dergestalt, dass Kierkegaard als Verfechter religiöser Tradition bekannt war, hingegen Nietzsche Gott für tot erklärte. Außerdem lehnte Nietzsche das gesamte christlich-jüdische System als „Sklavenmoral" ab.

Auch Heidegger widersetzte sich, ähnlich der drei angesprochenen Vorgänger, der rationalen Denkstruktur.

Es missfiel ihm, Philosophie auf rationalen Ebenen zu bauen, wie dies in Husserls „Phänomenologie" der Fall war. Dies ist der Grund, weshalb ich die Phänomenologie, sowie alle logischen Denkstrukturen, wie die Russels und Wittgensteins, ausgrenze.

Laut Heidegger lebt der Mensch in einer unerklärbaren, missverständlichen, gleichgültigen, entgegenstehenden Welt.

Das Einzelindividuum wird niemals sein Hiersein erfassen. Dafür muss der Mensch sein Ziel suchen und es verfolgen, selbst wenn er weiß, dass sein Leben nicht ewig währt und obendrein sinnlos im Universum zu sein scheint.

Sartre, der den Begriff des Existentialismus prägte, da er ihn in seiner Philosophie einarbeitete, war atheistisch und nihilistisch veranlagt. Der Existentialist behauptete, dass der Mensch eine rationale Basis für sein Leben brauche, sie allerdings nicht erringen könne, was wiederum sein Leben aussichtslos mache. Dieses Faktum erklärte Sartre mit dem Begriff „aussichtslose Leidenschaft".

Zudem behauptete er, dass seine Ideenwelt eine Art humanistischer Züge trage, und betonte somit die Freiheit des Einzelnen, also die Wahl und die Verantwortung, die frei zu gestalten seien. Außerdem versuchte Sartre eine Kopplung seiner Theorien mit denen des marxistischen, idealen Weltbildes.

In der existentialistischen Literatur findet man viele Namen, die bereits in diesem Buch gefallen sind, Dostojewski, Camus, Kafka, sie alle sind von Nietzsche und den anderen Existenzphilosophen nachhaltig beeinflusst worden.

In der „Verwandlung" Kafkas, oder dem „Schloß" wird eindeutig ein Bezug zu Angst, Schuld und Einsamkeit deutlich, der durch die Verarbeitung der genannten Philosophen ersichtlich wird.

Auch im erwähnten Mythos von „Sisyphos" zeigt Camus die Sinnlosigkeit des Selbstmordes auf und erklärt ihn, durch den Sklaven der griechischen Mythologie, für absolut unnötig.

Die Existenzphilosophie, wie ich sie schilderte, ist eine Art höchsten romantischen Erfassens, da rationale Grundlagen für nicht alleine tragfähig erklärt wurden.

Dabei wird die romantische Entwicklung von Anfang an geprägt, durch Pascal als Gegencartesianist, durch Nietzsche, der die Idee der

Romantik weiterleben lässt, bis hin zu Sartre, der ebenfalls von Nietzsches Ideen lebte.
Nun bin ich fast am Ende des großen romantischen Zyklus; einzig die „Frankfurter Schule" mit Benjamin, Adorno, Fromm und Marcuse sollte noch von Interesse sein, da sie das letzte Aufbäumen der Romantik, den Flower-Power prägte.
Für mich geht die Idee der Romantik bis zu Max Frischs „Montauk" (1975), bis zu Eco und zu „Schlafes Bruder", doch gibt es keine einheitlichen Strömungen mehr, schon ewig nicht, und das will ich ändern, mit der Re-Romantik!

„Die Frankfurter Schule" und Flower-Power

Geschichtliche Darstellung

„Die Frankfurter Schule", der Name dieser Institution ist die heutige, gegenwärtige Bezeichnung für den Sitz des philosophisch-soziologischen Zentrums, das seit den dreißiger Jahren seinen Sitz in Frankfurt am Main hat. Gemeinhin bezeichnet man die Philosophen und Soziologen als kritische Theoretiker, die dem „Institut für Sozialforschung" angehörten und es zu einem der Hauptzentren deutsch-jüdischer Philosophie werden ließen.
Durch die Auswirkungen des nationalsozialistischen Denkens emigrierten jene Philosophen in die USA und kehrten nach dem 2. Weltkrieg teilweise nach Frankfurt zurück.
Der Einfluss, den die Schule auf die Studenten der 60er Jahre hatte, ließ diese zu einem Symbol der Flower-Power-Generation werden. Marcuse zum Beispiel wurde mit seinen Schriften zu einem Idol der Bewegung. Die wichtigsten Vertreter waren Horkheimer, der Leiter des Institutes, sowie Adorno, der oben genannte Marcuse, Fromm und der 1940 bei einem gescheiterten Fluchtversuch in Südfrankreich aus dem Leben geschiedene Walter Benjamin.
Marcuse und Fromm blieben nach der Emigration in den USA und lehrten dort an diversen Universitäten. Einer der jungen Generation der Frankfurter Schule war Habermas, der von 1955 – 1971 dem Institut angehörte.

Das Institut selbst wurde im Jahre 1923 durch den jüdischen Mäzen Weil und Gerlach, einen Wirtschaftswissenschaftler, als Teil der Frankfurter Universität angegliedert. Antrieb der Anstalt war eine verstärkte, eine intensive, marxistische Theorieerschaffung, die in Grundzügen in der „Kritischen Theorie", die sich gegen Kapitalistisches stellte, deutlich wird. Erster Direktor des Institutes wurde Grünberg, der es bis 1928 leitete. Nach dessen Rücktritt übernahm Horkheimer das Amt, nachdem er durch eine Arbeit zu Kants „Kritik der Urteilskraft" zum Professor ernannt worden war. Adorno, der sich durch eine Habilitationsschrift über Kierkegaards ästhetische Gedankenwelt in den Range eines Professors brachte, gehörte der Schule lediglich inoffiziell an.

Der Philosoph Marcuse sowie der Analytiker Fromm zählten zum engeren Kreis der Mitarbeiter. Benjamin dagegen war kein ernannter Professor, sondern nur einer, der gerne Professor geworden wäre. Seine Schrift über den „Ursprung des deutschen Trauerspiels" wurde 1928 vom Institut als Habilitationsschrift zurückgewiesen. Jedoch lebte Benjamin als marxistischer Ästhet von finanzieller Unterstützung durch die Frankfurter Schule.

Die Verbreitung der Thesen, die durch das Institut aufgestellt wurden, geschah durch die von 1932 – 1941 bestehende „Zeitschrift für Sozialforschung".

Direkt im Anschluss an Hitlers Machtergreifung 1933 wurde die Institution von Nationalsozialisten besetzt. Deswegen mussten sich die Wege der Philosophen und Soziologen trennen.

Die Schule selbst wurde für ein Jahr nach Genf verlegt; andere Mitarbeiter gingen nach Paris, bevor der Leiter des Instituts, Horkheimer, die Institution der Columbia University unter dem Namen „Institute for Social Research" angliederte. Erste Projekte der Schule waren eine empirische Studie, die die „Autorität und Familie" untersuchte.

Adorno selbst emigrierte nach Oxford, wo er begann, sich mit rationalen Themen der Phänomenologie Husserls auseinanderzusetzen. Weitere Angestellte des Instituts waren Pollack, Löwenthal, die Juristen Franz Neumann und Otto Kirchheimer sowie der Chinaexperte Wittfogel.

Adorno wiederum folgte dem Ruf der Schule erst 1938 und ging in die Staaten, wo er, da er auch Musiktheoretiker war, den Auftrag bekam, Studien über Hörgewohnheiten der amerikanischen Radiohörer durchzuführen. Adorno wurde übrigens von der abgelehnten Habilitationsschrift Benjamins geprägt. Dieser, als einziger in Europa Gebliebener, steuerte von hier aus Beiträge zur nunmehr umbenannten Schule bei. Für Benjamin war es ein großer Fehler in Europa zu bleiben, da er zwar zeitweise in der Obhut Brechts leben konnte, sich jedoch auf der Flucht vor deutschen Soldaten an der spanisch-französischen Grenze das Leben nahm.

Wegen finanzieller Misslichkeiten musste sich das Institut von den angesprochenen Fromm, Marcuse sowie von den juristischen Mitarbeitern Neumann und Kirchheimer trennen, die zunächst für die amerikanische Regierung, später dann an amerikanischen Universitäten arbeiteten.

Während des Krieges erstellte die „Schule" verschiedene Studien, im empirischen Sinne, über Hitlers Antisemitismus.

Die Zusammenarbeit der beiden Professoren Horkheimer und Adorno wurde zusehends eine engere, wissenschaftlichere Beziehung, die sich auf das sogenannte „Dialektische Projekt" konzentrierte. (Beide übersiedelten in den Jahren 1941/42 nach Los Angeles)

Das Endergebnis des Projektes erschien 1947 unter dem Titel „Dialektik der Aufklärung" und erreichte einen hohen Status unter soziologisch-wissenschaftlichen Texten.

Als der Krieg zu Ende war, immigrierten Horkheimer, Adorno und Pollack wieder nach Frankfurt und machten sich an den Aufbau des Zerstörten. Im Jahre 1949 erhielt Horkheimer seinen alten Lehrstuhl wieder und übernahm die Reorganisation, den Wiederaufbau des Institutes.

1951 wurde Horkheimer zum Leiter der gesamten Universität Frankfurt ernannt. Auch Adorno erhielt eine ordentliche Professur und lehrte Soziologie sowie Philosophie.

Während der Zeit der Adenauer-Regierung wurden weitere empirische Studien über Vorurteile und Betriebssoziologie angefertigt.

Horkheimers Aufgabe bestand in der Repräsentation des Institutes. Adorno hingegen beschäftigte sich mit Forschungsprojekten zur musiksoziologischen Untersuchung, die er mit seinen Werken einleitend prägte. Beispiele für seine Arbeiten sind der „Versuch über Wagner" sowie die „Philosophie der neuen Musik".

Im philosophischen Bereich etablierte er sich durch Werke über Hegel und Husserl. Die in Oxford begonnene Arbeit über Husserls Phänomenologie, die er „Metakritik der Erkenntnistheorie" nannte, wurde 1956 veröffentlicht.

Durch weitere Arbeiten, wie den „Noten zur Literatur" sowie dem „Jargon der Eigentlichkeit", das gegen Heidegger, den rechtsgerichteten Philosophen, sprachkritisch vorging, wurde Adornos Werk zu einem der umfangreichsten der Frankfurter Schule. Das angefangene Projekt „Dialektik der Aufklärung", das er mit Horkheimer begann, vollendete Adorno unter dem Titel „Negative Dialektik". Der zum Vorsitzenden der „Deutschen Gesellschaft für Soziologie" aufgestiegene Professor begann im Jahre 1961 einen Streit mit Popper, dessen kritischen Rationalismus er als „Inbegriff faktenhöriger Ideologie" erfasste.

Sein Assistent wurde der schon erwähnte Habermas, der dem Institut bis 1971 angehörte; während dieser Zeit ging er für drei Jahre nach Heidelberg, wo er sich später von der „Kritischen Theorie" Horkheimers und Adornos entfernte und zu Anfang der 80er Jahre eine eigenständige Theorie, die des kommunikativen Handelns, entwickelte und mittels sprachphilosophischer Überlegungen eine neue Idee zum kritischen Vorgehen der Schule beisteuerte.

Philosophische Züge der Schule: Die „Kritische Theorie"

Die Entstehung der „Kritischen Theorie" ist mit der Publikation „Traditionelle und kritische Theorie" gleichzustellen (1937). In dieser von Horkheimer verfassten Schrift wird das Ideal der nachkopernikanischen Wissenschaft angegriffen.

Die „Dialektik der Aufklärung" führt, durch den Holocaust angetrieben, den Beweis, dass Aufklärung zu Mythologie transzendierte, sowie, dass der Begriff des Mythos von jeher mit der Begrifflichkeit der Aufklärung in Verbindung stand. In der Massenkultur des modernen Menschseins erkennen die beiden Verfasser das Produkt einer auf Dauer ausgerichteten, von Herrschaft durchtriebenen Kulturindustrie. Durch selbige wird jegliche befreiende Tendenz der Aufklärung im Keim erstickt. Der Grundgedanke der Aufklärung besteht jedoch darin, dass die Vernunft zum einen den Fortschritt in Richtung Menschlichkeit fördert, zum anderen aber sich als Rückschritt erweist, da die beherrschende wissenschaftliche Form, der Positivismus, auf eine fast mythische rational-naturwissenschaftliche „Faktengläubigkeit" zurückfalle.

Die kulturphilosophisch-ästhetischen Gedanken der „Kritischen Theorie" steuerte Benjamin mit seinem Werk „ Das Kunstwerk im Zeitalter seiner technischen Reproduzierbarkeit" bei, in dem der Essayist, der „Träumer", wie ich ihn nennen will, behauptete, dass die Massenkultur, die Aura des Kunstwerks, wie er sie nennt, zerstört, da ein Theaterschauspieler, der Macbeth verkörpert, mehr leistet als ein Filmschauspieler, der nur durch viele kleine Einzelleistungen ein „reproduzierbares Kunstwerk erschafft".

Die theoretische Basis von Horkheimers und Adornos Werk der dialektischen Kritik der Vernunft besteht aus einer Verschmelzung der Psychoanalyse und des Marxismus, jedoch der existierende Sozialismus wird von ihnen als Vulgärmarxismus bezeichnet.

Die Vernunft und das Denken erklären sich als Diener des Triebverzichts in der Konstruktion der gesellschaftlichen Herrschaft als eingebaut.

Als unzurückführbaren Kern dieser repressiven Vernunft erläutert sich die „Kritische Theorie" durch die der Vernunft innewohnende Neigung, Ungleiches als Gleiches, Identisches zu denken, nach dem Vorbild des Tausches. Die Theorie verzichtet auf utopische Vorstellungen, da sie in einer konkreten Utopie eine positive

Bestimmung des eigentlich im Prinzipiellen, Unbestimmbaren sieht. Deswegen verzichtet sie auf den Vulgärmarxismus.

Auch Marcuse betonte in seinem Werk „Eros and Civilization" das repressive Bild der dominierenden Vernunft. Im Gegensatz zu Horkheimer und Adorno meinte Marcuse, eine utopische Möglichkeit gefunden zu haben, die eine hedonistische Befreiung durch einen verbreiteten Eros beinhaltet.

Habermas hingegen betonte die „sprachliche Vernunft" einer vom Menschen selbst angelegten Chance zur Emanzipation. Dieses Projekt wurde jedoch niemals zu Ende geführt. Fromm, der durch Werke wie „Haben und Sein" berühmt wurde, zeigt die kapitalistische, herrschsüchtige Ader des egoistischen Menschen durch das „Haben".

Das heißt, das „Haben" zu einem Begriff wird, der im Gegensatz zum Menschen des zufriedenen, einfachen „Seins" steht, der sein Leben als gelungen und nicht als Habendes sieht.

Wichtig für mich ist Benjamin, dessen Sammlung „Illuminationen" ich sehr oft durchdenke und hoch schätze.

„So will es der Träumer", behauptet Benjamin, und so will auch ich es, denn ich bin Träumer; ein Mensch, der sich vornimmt, die Welt zu humanisieren, eine Verbesserung des Denkens, Handelns heraufbeschwören will, muss wahrhaftig ein Träumer sein. Und deswegen sage ich, ebenso wie Benjamin: „So will es der Träumer", und was ein wahrer Phantast der utopischen Menschlichkeit erreichen will, muss ein wahrer Träumer sein. In meiner Utopie des Märchens verarbeite ich viele Ansichten der „Kritischen Theorie", so zum Beispiel das „Haben und Sein" Fromms, das für mich zum Antrieb meines Schreibens geworden ist.

Flower Power

Flower Power, die Blumengewalt, sollte eigentlich jedem bekannt sein und muss deswegen nicht zu genau betrachtet werden. Hierbei möchte ich aber nicht ausdrücken, dass die Entwicklungen des Soziologiestudenten Dutschke zur RAF hin ein positives Ereignis deutscher Geschichte darstellen; ich will lediglich den Zyklus der Romantik zu Ende bringen und ihn dann wieder leben lassen, mit meinen Aspekten, die Irrationalität und Ästhetik betreffend!

Flower Power ist eine Entwicklung der sechziger Jahre, die, von den USA ausgehend, vom Hauptzentrum „Haight Ashbury District" in San Francisco auf Europa hinüberstrahlte. Die Anhänger der Bewegung, die Hippies, kämpften und protestierten gegen den Vietnamkrieg; sie lebten den Ausstieg der elitären Wohlstandsgesellschaft vor und besonnen sich auf Grundgegenstände, wie Liebe, Freude, Frieden und Glück, da sie in der etablierten Erwachsenenwelt die politische Erstarrung spürten. Zeichen ihrer von der Gesellschaft abweichenden Art zeigten sich in ihrer Kleidung, die bunt, schrill und blumenbestickt war, sowie dem Konsum von Drogen und alternativen Formen des Zusammenlebens. Die von ihnen praktizierte „freie" Liebe, die durch die Pille möglich wurde, und die Musik der Zeit, die den Blumenkindern ein Lebensgefühl der Freiheit lieferte, förderten den Zusammenhalt, der in den angesprochenen Protestbewegungen, wie den Pariser Mai-Unruhen und dem Aufbäumen gegen den Vietnamkrieg deutlich wurde.

Einen Höhepunkt der psychedelisch-musikalischen Entwicklung erreichten die Hippies 1969, als auf dem Woodstock-Festival Größen wie Joe Cocker, Santana, Janis Joplin und Jimi Hendrix auftraten. Der Gegensatz zur Beatgeneration der 50er Jahre, die aggressiv war, zeigt sich durch den Rückzug in die Privatsphäre.

Zu Auswirkungen des Woodstock-Festivals wurden die Musikerkommunen, die den Traum des „Paradise Now" erleben wollten. Im europäischen Raum wurde aus der jugendlichen Hippiebewegung die stark politisch durchdachte 68er Bewegung. Die romantische Welt der Flower-Power Zeit, die Aufbruchsstimmung zum Besseren, blieb jedoch ein Traum und forderte viele Drogentote; Opfer der Bewegung, die zu leichtsinnig die Legalisierung und Ausnutzung der Drogenwelt propagierten. Der Drogenkonsum der Zeit, vor allen Dingen von LSD und Mescalin ist auf die Schriften Timothy Learys sowie dem Essay von Huxley „The

Doors of Perception" zurückzuführen, der hier seinen Umgang mit der Droge Mescalin schildert.

Auch das 1968 erschienene Werk „Die Lehren des Don Juan" Castanedas, das den Zusammenhang schamanistischer Philosophie mit deren Verbindung zu Pflanzen wie Stechapfel und Mescalin zeigt, beweist die Leichtsinnigkeit der Jugendlichen. Wichtig für die Flower-Power-Zeit sind die Werke Frieds gewesen, von denen ich ein lyrisches Beispiel präsentieren möchte:

Erich Fried:

Die Maßnahmen

Die Faulen werden geschlachtet
Die Welt wird fleißig.

Die Häßlichen werden geschlachtet
Die Welt wird schön.

Die Narren werden geschlachtet
Die Welt wird weise.

Die Kranken werden geschlachtet
Die Welt wird gesund.

Die Traurigen werden geschlachtet
Die Welt wird lustig.

Die Feinde werden geschlachtet
Die Welt wird gut.

Die Bösen werden geschlachtet
Die Welt wird gut.

Gedichte wie dieses erschienen in der Hippiebewegung am Höhepunkt des Denkens.

Wie ich schon sagte, geht die Entwicklung der Romantik mit Max Frischs „Montauk" 1975 zu Ende und wird nur durch einzelne Schriftsteller wie Eco oder Robert Schneider vor dem endgültigen Sterben bewahrt.

Die Märchenwelt der Romantik selbst ging in eine weniger gute Form der
Schriftstellerei über, zur Fantasy, und dies ist mir zu wenig, deswegen träume ich den Traum eines Träumers und suche die Welt mit meinen Ideen der Ästhetik und des Irrationalen zu transformieren, um rationale Erblasten zu transformieren!

Re-Romantik – die Erneuerung des Zyklus

Wenn man ein eigenes Wertesystem die Irrationalität und Ästhetik betreffend entwerfen will, so gilt es, sich Vorstellungen zu machen, die die Idee komplex werden lässt und anschaulich, damit der lesende, künftige Ästhet auch zum Ästheten werden kann.

Irrationalität ist für mich ein universelles Gefühl, das alle Triebe beinhaltet, so z. B. Liebe, Hass, Eifersucht und Glauben.
Der Begriff erstreckt sich durch die gesamte Kunstgeschichte:
Im Prinzip baut alles auf ihm auf: Religionen, Kunstwerke, im negativen Sinne Kriege und Herrschsucht, alles Haben und Sein des Menschen deckt sich mit dem Begriff Irrationalität.
Meine Irrationalität ließ ich schon durch den eingangs erwähnten, bildlichen Spruch: „Ich glaube an die Natur, also finde ich mich" erkennbar werden.
Irrationalität, das universelle Gefühl, wie ich es deute, geht nur im Einklang mit der Entdeckung der eigenen Werte des Menschen an

sich, in der Natur, in der er selbst durch freudige Erfahrungen und pazifistisches Erleben zum Künstler hin transzendiert.

Dies heißt, er muss durch seine eigenen Werte, die er positiv wählen muss, entscheiden, was richtig, was falsch ist, sowie zu einer Entscheidung kommen, die sich für die Natur, für Frieden, Glück, für universelle Grundgegenstände des eigentlichen Grundgefühls der Irrationalität ausspricht.

Ein Ästhet ist meiner Auffassung nach derjenige, welcher die richtige Entscheidung trifft, der sich von positiven Eigenschaften wie Liebe an die Natur, an den Frieden und das Glück im Gesamten leiten lässt. Ein Ästhet ist einer, der aus dieser Entscheidung heraus beginnt, mit seiner Auffassung Kunst zu leben, d. h.

– die Liebe untereinander zu stärken
– den Glauben an die Natur aufzugreifen
– den Frieden siegen zu lassen

und daraus, aus seiner Entscheidung für die Sache, die ich romantisch nenne, zu leben, zu handeln, wie ein Romantiker, wie ein Mensch, der mit Gefühlen umgehen kann, seinen Mitmenschen Freude bereitet und den Hass der Gegenseite, des Amoralischen, unbeachtet lässt.

Auch geht es um die materielle Kunst, die aus diesem Gefühl des Irrationalen heraus entstehen soll, also der Philosophie, der Kunst an sich, der Kultur, aus der die Reromantik gebildet werden soll.

In meinem Märchen gehe ich näher auf das Verhältnis von Kunst zu Künstler, sowie das Gegenspiel zwischen Künstler und Künstler ein.

Mit dem mehrfach erwähnten Zitat Hölderlins:
    „Leben die Bücher bald"
Will ich auffordern, zum einen zum Schreiben, zum anderen zum Lesen, die beide vergessene Gegenstände der heutigen Gesellschaft sind.

Um dies zu manifestieren, gehe ich auf den ästhetischen Gedanken Fichtes ein,

der Schönheit als eine moralische Erfahrung darstellte:

Im Kunstwerk selbst, in dem Wahrheit und Schönheit als letzte Zwecke dienen, lässt der Künstler eine Freiheit erahnen, die wiederum höchstes Ziel des Willens, des Menschen darstellen soll, was heißt, dass der Ästhet, den ich erkläre, der seine materielle Kunst erschafft, dies tun soll, um frei zu sein.

Freiheit ist ein Grundgefühl und dieses fördert den künstlerischen Gedanken meiner Romantik, den ich mit Nietzsches Freude in Verbindung bringe.

Freude, Freiheit, Kunst ergeben das Gesamtkunstwerk der Romantik, das Gefühl der Menschen zueinander, sowie das Gefühl der materiellen Kunst.

Romantik soll Freiheit heißen, Freude und die von mir dargestellte duale Kunst, die hoffentlich zur Wirkung kommt.

L'art pour l'art soll gelebt werden, Kunst um der Kunst willen, Kunst, die durch Kunst entsteht.

Das Miteinander, das romantisch, ästhetisch, freudig, irrational und bejahend gelebt werden soll, soll die Kunst erwecken, die Re-Romantik ...

Nicht wie Kant meinte, sei alles ästhetisch, was ein Lustgefühl wecke, sondern es sei ästhetisch, was Verbindungen untereinander stärkt und daraus ein Gefühl von Wohlwollen, von Zuneigung, sowie von Sicherheit des Zueinander macht.

Ästhetik ist ein Gefühl von Liebe, Liebe zur Kultur, zur Romantik, zu allem Großartigen; es ist eine Art Traum meinerseits, die Welt in Frieden und Herzlichkeit zu sehen, es ist eine Utopie des Seins, des Wollens, des assoziativen Erlebens, das den Willen Fichtes bestätigt, dass die nietzscheanische Freude zum Irrationalen fordert.

„Jedem Anfang wohnt ein Zauber inne." Schreibt Hesse in seinen „Stufen", ein Zauber, der beschützen soll und stärken; eine Magie, die durch Raum und Zeit mit dem universellen Gefühl, dem

Irrationalen, den Anstoß gibt: Zahlen und Figuren, als rational abzulegen und durch diesen Schritt mehr zu lernen, als je ein Tiefgelehrter wusste, denn wenn wieder gehört wird, was die romantische Welt in Fabeln und Märchen lehrte, wird bewusst werden, wie wichtig mein ästhetischer Gedanke ist.

Die Romantik lebte von Zusammenhalt, Herzlichkeit, und dies ist es, was ich aufzubauen suche, ein Gedankengebäude, das zwei Arten von Kunst beherbergt:
Zum einen die Ästhetik des Miteinander, zum andern die Ästhetik, die aus diesem Umgang heraus entstehen soll.

Angefangen, um sich zu verinnerlichen, was Romantik zu heißen vermag, ist natürlich die Lektüre, das Lesen, das aus diesem Primärtext heraus entstehen muss, dass Wichtigste.
Die Beschäftigung mit Autoren, wie Novalis, Hesse, Nietzsche, Tolstoi und anderen ist unabdingbar.
Sie ist Grundlage für das Verständnis, für das Verhältnis der Menschen untereinander.
Das Schreiben von Gedichten für geliebte Menschen, sowie das selbstständige Erfinden von Märchen für Kinder fördern die materielle Kunst:
Man kann nicht erwarten, von heut auf morgen einen neuen Beethoven oder Goethe zu erschaffen, doch die Romantik musste sich auch entwickeln, wie ich es zeigte. Deswegen gilt es einen Neubeginn zu schaffen, der den Weltgeist erquickt, der uns Stufe um Stufe zum Entstehen einer neuen Kultur trägt, die ich in meinem Märchen utopisch und mit einfachen Mitteln darstellen will!

Doch bei der Betrachtung dieses Märchens sollte das Lesen zwischen den Zeilen erfolgen, denn es ist mehr als ein Märchen; in ihm steckt der gesamte romantische Zyklus, den ich neu entstehen lassen will. Es ist wie ein Traktat meines Vorhabens zu sehen, zwar utopisch, phantastisch, aber dennoch mit Moral und Appell.

III.   Vom Überzauber

Es begab sich zur Zeit des Diktators Cogite, der auf dem Kontinent Cogito, seinem Kontinent, sein Unwesen trieb und versuchte, durch Lehren der Vernunft und des Verstandes die Menschen des Reiches zu unterdrücken und zu terrorisieren, was hieß, dass er, ähnlich wie in unserer Zeit es der Fall ist, Menschen in Fabriken arbeiten lässt und sie mit Geld bezahlt, sie regiert durch Dinge, die die Bürger des Landes unterdrücken und ihnen Freude und Glück nehmen.
Cogito war ein kleines Reich, mit wenigen Einwohnern und wenigen Bergen, kurzum, es war eine unentdeckte Insel eines aggressiven und rachsüchtigen Herrschers. Auf der Insel selbst gab es nur eine Stadt, der Cogite den Namen seiner selbst gegeben hatte.

Weit ab der Stadt prangte ein Berg, den niemand genau zu kennen vermochte. Auch wusste niemand, dass hier ein Zauberer, der Letzte seiner Art, wohnte, der einsam war in seiner einmaligen Existenz, der nur wünschte, er könnte etwas für das unterdrückte Volk tun, aus ihnen Zauberer machen, Zauberer, die den Bösewicht verdrängen und die Insel in seinem Angesicht zu einem Gegenstücke formen würden, denn Terror, wie ihn Cogite ausübte, unterdrückte die Magie des Einzelnen. Deswegen nannte er auch seinen Berg den „Magischen Felsen", den niemand sonst so nennen konnte, da Worte wie „magisch" als verbotene Gegenstände der Sprache des vernunftorientierten Führers zu gelten hatten. Zahlen und Figuren waren Schlüssel der Welt, Märchen und Gedichte blieben als Trugbilder verkannt. Doch Märchen und Gedichte waren es, der Meinung des Zauberers nach, die den gottlosen Kontinent retten konnten, und so grübelte er tagein, tagaus an einem Plan, der die Welt des Cogite in die Welt eines märchenhaften Paradieses umformen und somit, durch die Kraft einer Revolution der Magie, die Macht der Soldaten des Führers stilllegen sollte. Doch er grübelte vergebens und die böse Macht wurde immer mächtiger.

Die Freude der Menschen wich, da sie in Fabriken arbeiten mussten und keine Besserung in Sicht war.

Doch eines Tages bekam der Zauberer die gesuchte Idee: Er musste einen Menschen erschaffen, der Genie und Talent besaß, Zauberkraft, Esprit und donnernde Wortgewalt. Dieser Mensch sollte Cogite überlegen sein, ihn verdrängen und die Menschen zu seinen gewünschten Magiern und Zauberern wandeln.

Doch wie war dies möglich; einen Künstler zu erschaffen, der die Menschen auffordern würde, sie zum Besseren bewegen könnte? Es musste also ein Überzauberer her, dem die Bürger des Kontinents Gehör liehen, ihm folgten und eine solch gewagte Revolution angingen?

Der Zauberer kehrte in sich, um Antworten zu finden. Er ging in sich selbst, um den nötigen Zauberspruch zu suchen, der den Geist der Revolution entstehen lassen könnte, doch er fand keine Antwort.

Immer mehr vertiefte er sich und die Zeit verrann. Doch die Antwort, die er finden musste, um die Insel zu retten und Cogite zu stürzen, blieb im Ungewissen.

Eines Tages, als sich das Sonnenlicht über seinen magischen Berg ergoss, erschien vor dem Fenster seiner Hütte ein kleiner Hänfling, der ein wunderbares Lied zu singen vermochte. Der Zauberer vernahm den Gesang des kleinen Vögelchens, und, um ihn besser hören zu können, ging er ins Freie, hinaus aus seiner Hütte.

Tatsächlich, die Sonne stand am Firmament und der Gesang des Vogels drang an sein Ohr. Plötzlich, als der Magier sich auf einen Stein gesetzt hatte, flog der Vogel auf seine Schulter und sprach;

„Suchst du den großen Zauberspruch, um die Insel zu retten, so musst du Kraft deiner Gedanken den Namen formen, der deine Gedanken vereint. Wenn du die richtige Wahl des Ausspruches gefunden hast, so sind die Götter dir gnädig und senden dir den Meister, der Cogite vernichten wird und die Natur unserer Insel mitsamt ihren Einwohnern retten kann.

Doch wenn du den Namen aussprichst, bedenke deine Überlegungen des Künstlers mitsamt derer des Überzauberers;

verbinde beide und die Natur ist mit dir, denn du bist die letzte Hoffnung selbiger."

Der Vogel entflog, bevor der Zauberer, ganz von Sinnen, ihn weiteres fragen konnte. Nun aber wusste der, dass seine Überlegungen des Schöpferischen und des Überzauberers richtige waren, auch wusste er um der Götter Hilfe, so er den richtigen Namen würde ersinnen können.
Wichtig war für ihn die Verbindung des Überzauberers mit dem schöpferischen Ich, die er mittels seiner Gedanken, durch die Natur, zu schaffen hatte, nun, da ihm das Vögelchen die nötige Kraft und Stärke zum Weiterdenken geschenkt hatte.
Doch wieder stand er vor verzweifelten Versuchen, so wollte er den Hänfling noch einmal um Genaueres fragen. Zwei Wochen vergingen, doch der Vogel zeigte sich nicht wieder.
In der dritten Woche, nach der Begegnung der beiden, erstrahlte die Sonne erneut, und vor der Hütte erschallte der Ruf einer Eule. Der Zauberer war verzweifelt, so ging er hinaus, um die alte kluge Eule um Rat zu bitten:

„Liebe, kluge Eule, kennst du vielleicht das Geheimnis des Schöpferischen und des Überzauberers?"

Die Eule antwortete:

„O ja, dies kenne ich: Gib deiner Vision einen Namen, und die Götter werden dir einen Menschen schicken, der alles verbindet.

Du musst nur einen Namen erwählen, der schöpferisch und zauberhaft ist, der beides verbindet. Wähle klug und die Natur ist mit dir."

Der Zauberer sprach:

„Das weiß ich schon, liebe Eule. Entfliege nicht, nenn mir den Namen, ich brauche deine Hilfe. Wenn du mich weiterhin alleine denken lässt, so verzweifle ich und meine Zauberkraft wird schwinden."

Die Eule antwortete:

„Nenn ihn, wie Du Dein eigenes Kind nennen würdest, dann sind die Bedingungen erfüllt, wähle die schönste Möglichkeit, und der Zauber ist perfekt. Der Mensch wird erscheinen, die Welt wird gerettet."

Mit diesen Worten entschwand die kluge Eule, noch ehe der Zauberer sie hätte noch mehr fragen können.

In Gedanken vertieft einen Namen zu finden, den er seinem eigenen Kinde geben würde, ging der Zauberer schweren Herzens, doch seltsam erleichtert zurück in seine Hütte.

Er suchte in all seinen Büchern nach Namen, die ihm schöpferisch erschienen, tauglich. Er suchte nach dem besten Namen, der je auf der Welt Verzauberung auslösen könnte, der die Götter zufrieden stimmen und stark genug sein würde, einen so mächtigen Rivalen zu schlagen.

Immer wieder durchstöberte er seine alten Werke, bis er ein solch zauberhaftes Gedicht fand, ihm Mut und Kräftigung zu geben.

Die Zeilen ließen ihn nicht mehr ruhen, sie machten ihn neugierig, denn er hatte sie lange nicht durchdacht, und nun fragte er sich, ob selbige, also die Hauptperson des Gedichtes, ihm würde helfen können. Allein der Titel des Werkes machte ihm Hoffnung: „Sebastian im Traum", so lautete der Name des alten Werkes aus einer anderen Welt, so schien es, aus einer Traumwelt, einer Phantasie des Trübsinns. War es nicht das, was er gesucht hatte, einen Traum, der aus dem Dunkel ins Helle trat, ein Genie, das mit ihm, aus einem Traum heraus, einen neuen bauen, die Welt retten und Frieden über das Land bringen würde?

Er entschloss sich, durch diesen mystischen Gedankengang, seinen Helfer „Sebastian" zu nennen. Sebastian, der Schöpfer des neuen Traumes, seines Traumes.

„Sebastian im Traum, Heilige Nacht", diese Zeilen des Gedichtes faszinierten ihn, es schien, als wäre das Wunder schon geschehen, sein Traumbild schon erschienen. Vor Freude jauchzend und tanzend, um des Zaubers willen, fast schreiend, stolperte der Zauberer durch den vom Herdfeuer erleuchteten Raum. Alte Kerzen wurden entzündet, die Hütte erquoll unter der Leuchtkraft des Feuers, das magisch den Kessel, der über ihm stand, zum Glühen brachte.

Der Zauberer wusste, dass nur dieser Name ihm helfen konnte. So bestieg er noch in dieser Nacht den Gipfel des Berges, auf dass ihn die Götter besser zu hören vermochten, und rief in die dunkle, beängstigende Nacht den Namen, den er erwählt hatte.

Mit einem Male wogte das Land. Der Himmel schien bersten zu wollen. Blitz und Donner erhallten vom Himmel herab. Nun wusste der Zauberer von der Richtigkeit der Wahl seines Herzens. Er wusste, dass er die Götter zufrieden stimmte und sein Bild erscheinen würde. Stunden wartete er auf dem Gipfel, bis das Meer von Blitz und Donner verstummte.

Enttäuscht, dass kein Sebastian, kein Zauberer, keine Regung eines solchen erschienen war, ging er durchfroren zu seiner Hütte zurück, um sich am Herdfeuer zu wärmen.

Als er den steilen Hang des Berges hinter sich gelassen hatte zeigte sich vor seinem Angesicht die alte Hütte, seine Hütte. Doch warum war nach der langen Wartezeit das Feuer nicht erloschen? Aus dem Kamin stiegen dicke Rauchschwaden in den mondbestrahlten Himmel und nicht nur das, die Kerzen, die er bei seinem Aufbruch gelöscht hatte, erhellten den Raum des Häuschens, der Hütte und ein verzaubertes Licht drang aus den Fenstern in die Nacht hinaus.

Wie war das möglich, so fragte sich der Zauberer und er bekam ein beklemmendes Gefühl.

Hatten etwa Soldaten Cogites seinen Unterschlupf entdeckt?

Mit allem Mut der ihm zu Verfügung stand, lugte er durch eines der Fenster. Im Kerzenschein konnte er ein kleines Männlein entdecken, ja fast einen Zwerg, das es sich in seinem Sessel bequem gemacht hatte.

Mutig, da er vor einem so kleinen Mann keine Angst verspürte, öffnete er, mit dem gewohnten Knarzen, die alte Holztür und der Gnom erschrak.

„Wer bist du?" fragte der Zauberer, „Bist du gekommen, um mich auszurauben? Oder hat Cogite dich geschickt?"

Mit keinem Gedanken kam es ihm in den Sinn, dass dies sein gewünschter Sebastian, der Überzauberer, hätte sein können.

Das Männlein antwortete:

„Du hast mich in eben dieser Nacht gerufen. Von dem Gipfel dieses Berges. Hier bin ich, bereit, Dir zu helfen und gegen den Terror des Diktators anzukämpfen, mit Wortgewalt und Zaubermacht.

Ich will Dir und den Menschen dieser Insel mit der Kraft, die mir gegeben wurde, mitsamt meiner Klugheit, der göttlichen, zeigen, was Magie sein kann."

Der Zauberer stotterte:

„Du … du bist Sebastian? Der Sebastian im Traume, den ich mir so sehnlichst gewünscht hatte? Der Sebastian, an dem ich beinahe verzweifelt wäre?

O ihr Götter, ihr gnädigen Götter, ihr habt mich erhört! Mein Flehen und Denken war nicht umsonst.

Nun wird alles gut werden und die Sonne wird bald über dem Lande erstrahlen, zu Recht, denn die Menschen werden wieder glücklich sein, die Natur wird leben. Alles bekommt seinen ursprünglichen Sinn wieder, alles wird richtig sein, menschlich. O Sebastian, wie habe ich um dich gefleht, gesucht und nun bist du da, der Schöpfer der magischen Revolution, des neuen Denkens und Handelns."

„Weiser, kluger Zauberer", so sprach der Genius, „Die Götter gaben mir den Auftrag, durch deine Ideen die Welt zu neuem Glanze zu bringen. Du sollst mich behandeln wie dein eigenes Kind, ich werde fortan auf dich hören und meine Denkweise mit der deinen zu verbinden suchen. Ich weiß um den Terror, der auf dieser Insel herrscht, von Menschen, die, in grauen Kutten, traurig ihr Tagwerk verrichten müssen, in Fabriken arbeiten und von der Feudalmacht des Cogite, der durch die Vernunft sein Unwesen treibt, die Magie entzauberte und der Erde des Landes mitsamt seinen Bewohnern die Freude des Lebens stahl.

Auch weiß ich, dass deine Ideen der Welt bessere sind, ich hörte dich im Schlaf sprechen vom märchenhaften Paradies, von der Hoffnung, die du Märchen und Gedichten zuteilst, die du der Natur zusprichst, deshalb will ich dir helfen, dass deine Träume die Welt zum Besseren umkehren."

„Doch", sagte der Zauberer, „Du weißt noch nicht alles. Du weißt nicht, dass das letzte Mittel der Freude der Bewohner durch etwas möglich wird, das Cogite „Geld" nennt.

Die Menschen leben in einer Gesellschaft, die nur Arbeit einschließt, Geld und Gut, Letzteres sind Dinge, die dem Staat genommen werden sollten, da sie das Land vernünftig machen und damit die Macht ihres Führers stärken.

Geld, Macht und Gut müssen ersetzt werden, wenn die Welt zum Paradiese werden soll. Anstelle von Geld und Gut, das Macht stärkt, müssen Magie und Kunst treten, damit die Menschen erkennen, wie sinnlos die Existenz von materiellen Werten ist, von Geld und Gut, damit auf Cogito ewige Freude währt, die durch den Willen des Einzelnen heraufbeschworen wird."

„Das klingt gut, Zauberer, doch wie willst du dies alles ermöglichen? Wie sollen die Menschen verstehen, dass die Vernunft und all ihre Ausartungen unnütz sind, dass die Welt des reinen Verstandes zu einer Magie hinübertritt, die die Pole schmelzen lässt und dadurch Märchen und Gedichten Aufmerksamkeit zuteilwird?"

Der Zauberer lächelte, denn er hatte in dieser langen Wartezeit viele Pläne entworfen und wusste um die Genauigkeit der Idee, auf die Sebastian ihn ansprach.

„Ich habe viel überlegt, mein lieber Sebastian, und bin auf eine Idee gestoßen: Ich denke, man muss den Menschen dieser Welt Botschaften schicken, die den Plan, die das Vorhaben realistischer machen. In meinen schlauen Büchern habe ich mich kundig gemacht, wie jene Zaubersprüche aussehen könnten, die die Cogitoianer wachrütteln, die das Selbstbewusstsein des Volkes erneuern."

Sebastian blickte erstaunt, denn er hatte keinen so überlegten Plan erwartet. Er sprach:

„Nenn mir einen dieser Sprüche, ich will wissen, welche Art von Zauber sie sein sollen, denn ich kenne keinen solchen, der ein ganzes Volk verzaubert. Auch wenn ich ein Überzauberer bin, weiß ich nicht, auf welche Art genialer Macht du dich beziehst. Auch meine schöpferischen Eingebungen sind beschränkt."

Noch ehe der Zauberer ihm eine Antwort zu geben vermochte, fing der Morgen an zu grauen und aus den ersten Sonnenstrahlen, die den magischen Berg streiften, entwickelte sich der herrliche Gesang der Vögel.

Sebastian blickte den Zauberer erwartungsvoll an, um seiner Frage willen, doch dieser war, durch das Pfeifen und die beruhigenden Melodien der Natur, eingeschlafen.

Acht Stunden vergingen, und der Erschaffer des Sebastian im Traume erwachte nicht wieder, es schien, als träumte er vom zukünftigen Leben des Eilandes, es schien, als lächelte er und sei zufrieden ob der Offenbarung, die ihm im Schlafe zuteilwurde.

Sebastian, der die ganze Zeit an seiner Seite, auf einem Schemel sitzend, gewacht hatte, konnte kaum den Augenblick des Erwachens, der Aufklärung der Magie erwarten, und so versuchte er den Meister zu erwecken. Nach mehreren Versuchen schließlich erwachte dieser und seine Augen waren erfüllt von einem Glanze, der auf das Angesicht des kleinen Sebastian strahlte, von einem magischen, fröhlichen, stimmungsvollen Geist.

Aufgeregt über sein langes Warten, der Antwort willen, wollte Sebastian natürlich sofort vom schlaftrunkenen Magier das Geheimnis der Botschaften erfahren:

„Wie hast du das gemeint, mit den Botschaften, Zauberer? Wie genau willst du eine Revolte erschaffen? Aufgrund welcher Art von Zaubersprüchen willst du das Land verändern?

Nenne mir einen.",

so forderte er ihn auf und blickte ehrfürchtig in seines Lehrers Augen.

Der Meister antwortete:

„Die Vernünftigen modernisieren die Welt und tun ihr damit Gewalt an, doch der Aufhalt der Gewalt, das Herrliche, es kann nur aus euch selbst kommen."

Staunend über diese wohlüberlegte Aussage sah Sebastian den Zauberer überrascht an.

„Ja, so kann es geschehen, der Wissende muss daraus eine Lehre ziehen, doch alleine die Lehre, diese Moral, wird nicht genügen. Weißt du noch mehr solche Botschaften der Magie?" fragte ihn der kleine Schöpfer. „Überhaupt, wenn Du so gute Ideen hast, wozu brauchst Du dann einen Zauberer wie mich, einen idealen Menschen?"

Der Magier antwortete:

„Ich brauche einen Redner, der, nachdem die Botschaften angekommen sind, das Volk letztlich vom Künstlerischen überzeugt, der mit Wortgewalt und Esprit den entscheidenden Schritt begeht und das Paradies der neuen Welt einleitend begrüßt. Ich brauche einen neuen Lenker, der die Werte der Kunst überschaubar macht!"

Stolz blickte Sebastian auf und sprach:

„So soll es geschehen, lasse uns die Botschaften der Liebe, des Friedens und der Natur, der Magie also, zu den Menschen bringen, auf dass so schnell wie möglich die Änderung eintritt und die Menschen begreifen, worin ihr ursprünglicher Sinn liegt!

Nun liegt es wohl nur noch daran, wie man die Botschaften zu den Bewohnern bringt, ihnen ihren Sinne erklärt! Wie stellst du dir das vor, ehrenwerter Meister?"

„Die einfachste und beste Möglichkeit ist es, die Aufforderungen und Appelle an die Fassaden der Häuser zu schreiben, so dass sie lesbar sind und ewiglich ihren Sinn behalten.

Lasse uns noch etwas ruhen, Sebastian, und in dieser Nacht die Zaubersprüche an die Wände der Fabriken und Häuser malen, so dass, wie du sagst, die Änderung so schnell als möglich eintreten kann und Cogite einsehen muss, dass mit Vernunft alleine nichts erreicht wurde; dass Geld und Macht, im Gegensatz zu Kunst und Kultur, zum Großartigen steht; dass der cogitoianische Geist nicht länger eine Habgier erlebt, sondern den Urtrieb aller Faszination."

Nach diesem Gespräch starrten beide wortlos in die Glut des Feuers, voll Euphorie der Sache willen.

Als die Nacht gekommen war, machten sie sich bereit, aus dem ausgebrannten Ofen die Kohlen, mit denen die Ausführung der Bemalung stattfinden sollte, zu holen.

Leise, wortlos, kletterten Sebastian und der Zauberer den Abhang des magischen Felsens hinab ins Tal zur Stadt Cogite. Lange dauerte der Fußmarsch, und sie überquerten viele Felder, bis vor ihnen im Schein des Mondlichtes die ersten Fabrikhallen und Schornsteine erschienen. Beide wussten, was zu tun war, und so schrieben sie an die Hallen in großen, rußschwarzen Lettern:

„Der Vernünftige vereinfacht die Welt und tut ihr damit Gewalt an, doch der Aufhalt der Gewalt, das Herrliche, es kann nur aus euch selbst kommen."

„Die Bösen werden geschlachtet,

Die Welt wird gut!"

„Haben und sein, das Spiel der Gegensätze, wobei wer ist, was er ist, gewinnen muss."

„Jedem Neubeginn

wohnt ein Zauber inne."

„Das muss zunächst genügen", flüsterte der Zauberer, „nun gehen wir in die Stadt und nehmen uns die Häuser und den Palast vor!"

Wieder gingen beide wortlos über die Felder, bis sie, in der sternklaren Nacht, die Umrisse Cogites, der Stadt der Vernunft erkennen konnten.

Zum Glück der beiden schliefen die Wachen am Tor, und so war der Eintritt in die Stadt ein leichter.

In der Stadt selbst gab es ungefähr 100 Häuser, und in der Mitte der kreisförmig gestalteten Anlage lag der Palast.

Nun trennten sich die Wege der beiden, Sebastian ging linksherum, der Zauberer rechtsherum, bis sie sich wieder treffen wollten.

Als beide alle ihre zu beschriftenden Häuser mit Ruß geschwärzt hatten, kam der kleine Sebastian als Erster beim Schloß Cogites an. Wenige Augenblicke später, des Alters wegen, zeigte sich auch das nächtliche Antlitz des Zauberers.

Sebastian fragte leise:

„Was willst du hierhin schreiben, Meister?"

Der Zauberer antwortete:

„Den höchsten aller Zaubersprüche, die mir jemals bewusst waren und sein werden!"

Er fing leise an, die Mauer des Palastes zu beschriften:

„Die Welt muss menschlicher werden. So findet man den ursprünglichen Sinn wieder.

Denn:

Nur ein Künstler kann den Sinn des Lebens erraten."

„Wunderbar", wisperte Sebastian ihm zu, „und was machen wir jetzt?"

Der Zauberer drehte sich leise um und sprach so ruhig er es nur konnte, um die Wachen nicht zu wecken:

„Nun werden wir uns in der Nähe der Stadt in die Felder legen und dort warten, bis zum Morgengrauen, damit wir wissen, ob die Nachrichten ihren Sinn nicht verfehlten."

Und so machten sich die beiden, der Zauberer und sein Sebastian, auf, um ein Versteck zu finden, das sich eignete, die Nacht ohne

Gefahren zu überstehen und so voller Erwartung die Antwort des Volkes zu empfangen.

Der Morgen graute, Sebastian weckte den Zauberer, und sie warteten auf den hoffentlich bald entstehenden Tumult, denn dieser würde für sie das Signal sein, in die Stadt zu gehen und die Menschenmassen letztlich aufzuklären, was die rußigen Schriften an ihren Häusern zu bedeuten hätten.

Tatsächlich hörten sie den bösen Cogite fluchen. Die Leute, so konnte man durch das Tor erkennen, waren vor dem Palast zusammengelaufen.

„Wer von euch war das? Wer hat diese Schriften auf die Häuser gebracht?" schrie Cogite, wütend, von seinem Balkon herab zur Menge.

Das Volk rief wie aus einem Munde:

„Du wirst uns nicht länger terrorisieren, wir kennen das Spiel der Gegensätze: Wir sind und du hast und das wird sich ändern!"

Wutentbrannt, mit rotem Kopfe, stand Cogite auf seinem Balkon und wusste nicht, was er tun sollte, die Menge konnte nicht von seinen Soldaten zur Ruhe gebracht werden, denn diese hatten sich auf die Seite des Volkes gestellt.

Einige Cogitoianer versuchten über die Palastmauern zu klettern und den bösen Tyrannen der Vernunft in die Tiefe zu stürzen. Das Volk war dermaßen in Rage, dass es die beiden Zauberer durch das Tor nicht bemerkte.

„Ruhe!", schrie der Zauberer mehrmals, „Ruhe!"

Die Menschen verstummten und drehten sich zu den beiden um.

Nun war Sebastian gefordert, er trat in die Mitte der Menge, bis er auf einer erhöhten Position stehenblieb, von der aus ihn alle Cogitoianer hören konnten.

„Hört mich an!", rief Sebastian zu den Bewohnern der Stadt, „Ich und mein Erschaffer, der kluge Zauberer, haben euch diese Nachrichten geschickt, weil wir nicht länger gewillt waren zuzusehen, wie Cogite den Terror der Vernunft ausübt, wie er euch in Fabriken arbeiten lässt, euch zwingt, durch Geld glücklich zu sein. Wir wollen diese Umstände der Vergangenheit überlassen und fortan die Magie, die euch durch den Zauber der Sprüche zukam, ausbauen und aus dieser eine magische Insel machen, die im Einklang mit der Natur lebt, die Freude auf euch Menschen herabbringt, die den Geist, der in ihr wohnt, in neuem Glanze erstrahlen lässt.

Ihr sollt Spaß an eurer Arbeit haben, aber nicht an der Fabrik, sondern in Handwerks- und Kunstarbeit. Das Brot soll wieder von einem richtigen Bäcker gebacken, Möbel sollen von Schreinern gefertigt werden, es soll Steinmetze geben, Maler, Bauern. Alle Berufungen, die es geben sollte, um ein Leben auf unserem Planeten zu ermöglichen. Aber die Arbeit selbst soll niemals mehr mit Geld gewürdigt werden, es soll Kunst betrieben werden um der Kunst willen. Damit meine ich, ein Brot soll fortan nicht mehr mit Geld bezahlt werden, sondern mit einem Gedicht, einem Lied gewürdigt werden, ein Pferd mit einem Buch oder einem Bild, das ihr erstellt habt. Ihr sollt zufrieden sein und an euch glauben, zusammenhalten, denn nur ein Künstler, und dies sollt ihr fortan sein, kann den Sinn des Lebens erraten!"

Das Volk jubelte und schrie:

„Wir wollen Künstler sein, den Sinn des Lebens erraten."

„Ich sehe, ihr glaubt und wünscht, was ich sage, so will ich diesem Land zu Ehren meines Zauberers, der mich erschuf, der mich Sebastian taufte, den Namen „Magus" (lateinisch: Zauberer) geben, denn dies ist uns Zauberern ein heiliges Wort. Fortan soll dieses Land „Magus" heißen und ihr sollt durch euren Zusammenhalt, den Glauben zur Natur und an den Frieden regiert werden, durch die Macht, die ihr selbst bildet. Cogite soll nun einer von euch sein, er soll nicht sterben, er soll genauso wie ihr ein Magier sein, den ihr mit Wohlwollen aufnehmt in eure Reihen und ihm verzeiht, was er tat. Die Stadt nenne ich nun „Bunte Kuh" und will euch nun verlassen, in die Berge gehen, doch einmal im Jahr komme ich mit meinem Lehrherrn wieder und betrachte mir, was aus euch geworden ist. So sei es!", sprach er.

Im Jubel der Menge erstrahlte die Sonne über dem Magier, so dass sie wussten, wie weise seine Worte waren.

Aus den terrorisierten Cogitoianern wurden endlich Künstler, die sich einander gernhatten, die zu leben verstanden, so wie es ihnen Sebastian vermittelt hatte. Das Volk blieb nun glücklich, und wenn sie nicht gestorben sind, so leben sie noch heute.

Ende

IV.   Literaturverzeichnis

Descartes Rene Cogito ergo sum [Buch]. - Philosphische Meisterdenker :
HERDER.

Feuerbach Ludwig [Buch].

Fontane Zitat [Buch]. - Themen und Texte : Schöningh.

Fried Erich Die Maßnahmen [Buch]. - Stuttgart : Reclam.

George Stefan Nietzsche [Buch]. - Stuttgart : Reclam.

Heine Das Ende der Kunstperiode [Buch]. - Stuttgart : Reclam.

Heine Heinrich Gedichte [Buch]. - Stuttgart : Reclam.

Hesse Hermann Aphorismen [Buch]. - Frankfurt am Main : Insel Verlag.

Hesse Hermann Der Steppenwolf [Buch]. - Frankfurt am Main : Suhrkamp, 1928.

Hesse Hermann Narziß und Goldmund [Buch]. - Frankfurt am Main : Suhrkamp,
1933.

Hesse Hermann Stufen [Buch]. - Frankfurt am Main : Suhrkamp.

Hölderlin Friedrich Gedichte der Romantik [Buch]. - Stuttgart : Reclam.

Hölderlin Gesammelt Gedichte [Buch]. - Stuttgart : Reclam.

Kästner Erich Kennst du das Land, wo die Kanonen blühn [Buch].

Kästner Erich Zitat [Buch].

Locke John Der Mensch verhält sich zum Mensch, wie der Wolf zum Mensch
[Buch]. - StuttgarT : Reclam.

Marx Karl Das kommunistische Manifest [Buch]. - Stuttgart : Reclam.

Meyer Clemens Ferdinand Märchen [Buch]. - Stuttgart : Reclam.

Mörike Eduard Der junge Dichter [Buch]. - Klassik CD der Literatur : [s.n.].

Nietzsche Die fröhliche Wissenschaft [Buch]. - Stuttgart : Reclam.

Nietzsche Jenseits von Gut und Böse [Buch]. - Stuttgart : Reclam.

Novalis "Wenn nicht mehr Zahlen und Figuren" in Gedichte der Romantik
[Buch]. - Stuttgart : Reclam.

Novalis Aphorismen in Blüthenstaub [Buch]. - Stuttgart : Reclam.

Novalis Die Christenheit und Europa [Buch]. - Stuttgart : Reclam.

Paul Jean Die zweite Seite des Mondes [Buch]. - Reclam   : Stuttgart.

Schelling [Buch]. - Meisterdenke der Philosophie : [s.n.].

Schlegel Blüthenstaub [Buch]. - Stuttgart   : Reclam.

Storm Theodor Märchen [Buch]. - Stuttgart : Reclam.

Trakl Georg Gesammelte Gedichte [Buch]. - Stuttgart : Reclam.

Werner Zacharias Gedichte der Romantik [Buch]. - Leipzig : Reclam.

Zola Kunst=Natur-X [Buch]. - Stuttgart : Reclam.

Vita Uwe Kraus

1979, am 17. Februar, wurde ich in Kaiserslautern geboren. Ich machte nach meiner Fachhochschulreife eine Ausbildung zum Maler- und Lackierer an der Meisterschule für Handwerker in Kaiserslautern und arbeitete im Familienbetrieb, wobei ich dann eine Ausbildung zum Kaufmann im Berufsfeld Büromanagement anstrebte. Vor Jahren entdeckte ich die Literatur und Philosophie für mich, die mich zwang zu antworten und zu schreiben. Neben meinen drei erstveröffentlichten Büchern bei Books on Demand, dem Fußballbuch „Fußball ist unser Leben - Lyrik" 2007, dem Hymnenzyklus "Der Stern des Lebenssinnes" - 2001, meinem Frühwerk, und dem Querschnitt meines Denkens, dem "Liebe/gedichte" - Buch erschienen in Zeitschriften für Literatur und Kultur, sowie in Anthologien Gedichte, und zudem ist mein Wirken im Literaturlexikon Rheinlandpfalz festgehalten. Im April 2009 veröffentlichte ich meine erste Verlagsveröffentlichung "Fernwehpassagen" im Saarbrücker Conte Verlag. Auch 2010 erschien ein Buch im Conte Verlag: "Brainspotting" ist ein lyrisches Roadmovie, das durch meine biographische und irre Schreibweise zu einem modernen Klassiker werden kann. Es wurde nunmehr selbst verlegt ... Im Jahr 2012 kam „Gewichte aus der Zwischenwelt, Wintergedichte, Nachtgedichte" hinzu, die Texte zwischen den Jahren, aus meiner schriftstellerischen Tätigkeit aus dem Zeitraum 2008 – 2012 vereinen. 2003 schrieb ich die Ewu.lution, die apokalyptischen Gedichte, die 2013 bei Bod erschienen. Sie sind ausgestattet mit Bildern des Kaiserslauterer Malers Tony Caulfield und spiegeln, da kurz vor einem Psychiatrieaufenthalt geschrieben, größenwahnsinnige und halluzinogene Inhalte, die auf einer Drogenpsychose in vollem Umfang basieren. 2015 ist ein achtes Buch, durch Telegonos Publishing veröffentlicht worden.. Die Buchstaben, in denen ich schwimme, handeln vom Lieben, Glauben und von meiner Art der Verarbeitung, mittels der ich die vielen gelesenen Eindrücke darstelle und verdichte ... Letzte Veröffentlichung: „Lichtwechsel" 2016, "Auf dem Weg zurück zu mir" 2017 durch Telegonos Publishing.

Schriftsteller die ich bewundere und die mich beeinflussten:

George, Heym, Nietzsche, Celan, Ingeborg Bachmann, Novalis, Kafka, Songtexte von Sting, Radiohead, Hermann Hesse, Shakespeare, Lutz Seiler, Rimbaud, Allen Ginsberg, George Byron und Pablo Neruda.

Liste lieferbarer Bücher:

Der Stern des Lebenssinnes . 2001 . Gedichte, Hymnen . Bod
Fußball ist unser Leben . 2007 . Lyrik . Bod
Liebe/gedichte Lyrik aus neun Jahren . 2008 . Bod
Gewichte aus der Zwischenwelt . 2012 . Bod
Ewu.lution – Apokalyptische Gedichte . 2013 . Bod
Die Buchstaben, in denen ich schwimme . 2015 . Telegonos
Lunatics 2014 . Bod
Lichtwechsel . Gedichte . 2016 . Telegonos
Auf dem Weg zurück zu mir . 2017 . Telegonos
Sternentraumsegler . 2017 . Bod mit Christina Lautwein
Englische Übungen . 2017 . Bod
Über Liebe und andere Ungereimteiten . 2018 . Bod
Hallo.peridol . 2019 . Bod
Brainspotting . 2020 . Bod

Herausgeberschaft:
Ungewisse Zukunft, Wagnis des Jetzt . 2019 . Bod